Wahnsinns-Wiesn

Letzte Wahrheiten über das Oktoberfest

Süddeutsche Zeitung Edition

Impressum

Gestaltung und Satz: Julia Wolf
Farbgestaltung der Cover-Illustration: Stefan Hanitzsch

Projektleitung: Marion Meyer, Sabine Sternagel
Redaktion: Daniela Wilhelm-Bernstein
Repro: Journal Media GmbH, München
Herstellung: Hermann Weixler, Thekla Neseker
Druck: Stürtz GmbH, Würzburg
ISBN: 978-3-86615-723-1

Bildnachweis:
S. 20/21: Münchner Stadtmuseum, S. 35: Visum Images,
S. 47: Stadtarchiv München, S. 70/71: ddp, Oliver Lang,
S. 86/87 und S. 88/89: laif, S. 94/95: dpa, S. 108/109: laif,
S. 112/113: action press, S. 119: Ullstein, S. 126/127: Argus,
Peter Frischmuth, S. 138/139: Schneider Press, S. 142/143:
SZ Photo, Robert Haas, S. 158: Relax Images/F1 online

Wahnsinns-Wiesn

Letzte Wahrheiten über das Oktoberfest

Von

Ernst Fischer
Dieter Hanitzsch
Wolfgang Görl

Süddeutsche Zeitung Edition

OKTOBER FEST 2010
München ich lieb dich
1810
2010
200 Jahre Oktoberfest

Gewidmet

dem Kronprinzen und den Wiesn-Bedienungen fi

allen Wiesnwirten, die uns in ihre Hausbox einladen DH

dem bayerischen Herrscherhaus und der SPD wg

Wahnsinns-Wiesn

Inhaltsverzeichnis

Oktoberfest
fällt wegen
vorheriger Überfüllung
heuer aus!

Grußwort des Oberbürgermeisters

Liebe Münchnerinnen und Münchner, es ist mir eine besondere Freude, Ihnen nun endlich das Buch ans Herz legen zu können, das ich vor gut 40 Jahren als Redakteur der Süddeutschen Zeitung angeregt habe. Bewundernswert ist allein schon der lange Atem der Autoren, mit dem sie ohne Rücksicht auf Leib und Leber eine außerordentlich gründliche Recherche durchgestanden haben. Aber beinahe noch größer ist mein Respekt vor ihrem Weitblick, denn ganz offensichtlich ahnten sie, dass erst in der Ära eines wirklich bedeutenden Oberbürgermeisters eine wissenschaftlich fundierte Publikation über das Münchner Oktoberfest lohnend sein würde. Meine, wie ich in aller Bescheidenheit sagen darf, unübertrefflichen Rekorde beim Anzapfen dürfen keinesfalls den Blick verstellen auf die teils beklagenswerten Leistungen, die meine Amtsvorgänger beim Anstich an den Tag gelegt haben. Und wenn ich jetzt höre, dass der bayerische Ministerpräsident Ansprüche auf den höchst verantwortungsvollen Posten des Anzapfers erhebt, dann muss ich hier schon die Frage stellen, ob der Mann über die sittliche Reife verfügt, sachgerecht mit dem Schlegel umzugehen. Als Oberbürgermeister der Landeshauptstadt verbitte ich mir jegliche Einmischung der Staatsregierung in die inneren Angelegenheiten Münchens, und das Gleiche gilt für die geradezu lächerliche Forderung der FDP, die gesamte Anzapfzeremonie in die Hände der Privatwirtschaft zu legen. Um derart dreisten Übergriffen auf das Oktoberfest den Boden zu entziehen, kommt dieses Buch gerade recht. Um aber tiefere Einblicke zu gewinnen, mithin solche, die den Autoren letztlich versagt blieben, empfehle ich die Lektüre meiner Bücher.

Christian Ude

Machtwort des Ministerpräsidenten

Mit Genugtuung und Befriedigung begrüßt die bayerische Staatsregierung, also meine Wenigkeit, das vorliegende Buch der mir sattsam bekannten Autoren. Über deren Qualifikation, ein so wichtiges Thema zu bearbeiten, will ich mich nicht weiter äußern, glaube aber, dass sie keine besitzen. Ich schreibe dieses Grußwort auch ohne Kenntnis des Inhalts des Buches, das ich mit Sicherheit auch nie lesen werde. Wann denn, wenn man rastlos Tag für Tag und Nacht für Nacht im Interesse des Landes, der Landesmütter, Landestöchter und Landeskinder unterwegs ist? Prima finde ich aber, daher meine Genugtuung und Befriedigung, dass wieder einmal ein Buch über das Oktoberfest erscheint. Es wird, davon gehe ich aus, erneut belegen, wie sehr die Bayern auch beim gepflegten Feiern mit ihren gepflegten Bieren und ausgezeichneten Fleisch- und Wurstwaren und natürlich auch als Gastgeber Weltspitze sind. Einen Zusammenhang mit der großartigen Arbeit der CSU und der Bayerischen Staatsregierung, an deren Spitze ich bekanntlich stehe, zu leugnen, hieße nun wirklich sozialistische Geschichtsfälschung großen Stils zu betreiben. Ich nutze gerne die Gelegenheit, darauf hinzuweisen, dass ich vom Jubiläumsjahr an das Anzapfen selbst übernehmen werde. Ich denke, das kann man auf Dauer nicht mehr dem Vorsteher einer einzelnen Gemeinde überlassen. Bei der Wiesn geht es um mehr, nämlich um das ganze Land. Und das bin ich.

Horst Seehofer

Erklärung der Bundeskanzlerin

Ich bin stets aufs Angenehmste überrascht, wenn aus München Initiativen kommen, die unser Land vorwärts bringen. Das vorliegende Buch zählt ohne Zweifel dazu, zumal über die Autoren, wie mir Innenminister Schäuble versichert, keine nachteiligen Erkenntnisse vorliegen, jedenfalls keine gravierenden. Seit meiner Dienstreise nach Wolfratshausen bin ich mit den eigentümlichen Sitten und Gebräuchen der Bayern bestens vertraut, und es erfüllt mich mit großer Befriedigung, dass nun auch die Deutschen insgesamt die Gelegenheit haben, die Rituale dieses Gebirgsvolkes näher kennen zu lernen. Seit dem Einigungsvertrag, und besonders, seit ich Kanzlerin bin, hat sich ja einiges getan, aber leider gibt es da und dort noch immer die Mauer in den Köpfen, die Bayern von den übrigen Bundesländern trennt. Selbst führenden Diplomaten des Auswärtigen Amtes ist oft nicht bekannt, dass der Münchner im Oktober auf die Wiese geht, dort Brezel isst und ein Maß trinkt. Durch das Buch erfahren wir nun, dass die Eingeborenen mit dem Spruch „Das Maß ist voll“ ihre Zufriedenheit mit dem Schankkellner bekunden und dass die bayerische Nationalhymne mit dem Schlachtruf „Huh Defack is Alois“ endet. Besonders erfreut haben mich die historischen Forschungsergebnisse der Autoren, denen zufolge das Oktoberfest keinesfalls eine Erfindung der CSU ist, so wie es die Herren der bayerischen Vertretung in Berlin immer behaupten. Auch Missstände spricht das Buch offen an, etwa wenn enthüllt wird, dass das Fest in der Regel von einem sozialistischen Schultheiß eröffnet wird. Aber Schwamm drüber! Oder, ins Bayerische übersetzt: „Schwoamas obi.“

Angela Merkel

Geleitwort seiner königlichen Hoheit Franz von Bayern

Nachdem ich erst unlängst zum 100-jährigen Bestehen des Wittelsbacher Gymnasiums in München gratulieren durfte, einer herausragenden Bildungsstätte der Landeshauptstadt, freue ich mich, diesmal Stadt und Land zum bevorstehenden 200-jährigen Bestehen des Oktoberfestes meine Glückwünsche entbieten zu können. Bildung und Vergnügen, Erziehung und Gaudi, Kunst, Bier und Hendl gehören bekanntlich in Bayern zusammen, sie sind jedenfalls nie als Widerspruch empfunden worden. Wissen und Wonnen – das war quasi auch der Wahlspruch meines Ur-Ur-Ur-Ahnen, König Ludwig I., dem neben der schönen Ausstattung Münchens und einer gewissen Lola M. die Einführung des Oktoberfestes zu verdanken ist. Insofern gratuliere ich mir als Chef des Hauses Wittelsbach auch selbst. Ich gehe davon aus, dass die Autoren bezüglich der so genannten Wiesn kein Klischee ausgelassen und alle Vorurteile aufgewärmt haben. Insofern hat mir dieses Buch gerade noch gefehlt. Für den Fall, dass die (geschichtsbewussten?) Autoren die Verdienste des Königshauses um den bayerischen Nationalrausch ausreichend herausgestellt und Bier aus dem Hause Wittelsbach auf der Festwiese schmerzlich vermisst haben sollten, begrüßt das alte Haus das neue Werk aufs Wärmste.

Franz von Bayern

Hirtenwort des Papstes

An München erinnere ich mich gern, auch das Oktoberfest ist mir insofern ein Begriff, als ich über die dortigen Vorgänge zunächst von Kommilitonen des Priesterseminars am Herzoglichen Georgianum und später von Gewährsmännern des Erzbischöflichen Ordinariats in Kenntnis gesetzt wurde. Mir fiel auf, dass sich sowohl die Theologiestudenten als auch die Ordinariatsmitarbeiter förmlich darum rissen, im Bierzelt nach Zeichen des sittlichen Verfalls, aber auch nach Beispielen des Glaubens Ausschau zu halten. Weil einige von ihnen anschließend nach Hause getragen oder gar aus dem Polizeigewahrsam herausgeholt werden mussten, war mir diese Art von Forschungseinsätzen, auch wenn sie frommen Zwecken dienten, immer ein wenig suspekt. Umso mehr freue ich mich, dass es nun ein Buch gibt, mit dessen Erscheinen sich einschlägige Feldstudien von Theologen und Priestern erübrigen. Ich verhehle nicht, dass es mir lieber gewesen wäre, die Autoren hätten ihre Denkschrift vor der Veröffentlichung mit dem erzbischöflichen Ordinariat abgesprochen. Aber wie mir mein Sekretär Georg Gänswein versichert, enthält das Buch keine protestantische Propaganda oder Schlimmeres, sofern es das gibt. Folglich ist es auch für meine katholischen Glaubensbrüder und -schwestern lesbar, vorausgesetzt, sie überblättern einige Kapitel (Trachtenmode, Teufelsrad). Gleichwohl möge die Lektüre als Mahnung dienen und keineswegs den Leser verleiten, das Treiben an Ort und Stelle zu beobachten.

Papst Benedikt XVI.

Prefazione des italienischen Ministerpräsidenten

Schon seit Jahren fällt mir auf, wie ruhig mein Land Ende September, Anfang Oktober ist. Viele Landsleute, vor allem Männer, sind wie vom Erdboden verschluckt. Bisher dachte ich, sie sind bei ihren Freundinnen und machen Ferien von der Familie und von der Ehefrau. Nun habe ich meine zahllosen Journalisten recherchieren lassen, um zu erfahren, dass meine connazionali in dieser Zeit gar nicht im Lande, sondern in Bayern sind, genauer gesagt in Monaco di Baviera, um dort mit unseren amici bavarese die Festa della birra zu feiern. Das ist gut so. Ich bin beruhigt, sie in der Nachbarschaft zu wissen und zudem in einem Lande, wo auch eine für viele Geschäfte offene, christliche und konservative Regierung den Ton angibt (der Chef soll allerdings Sozialist sein?), und in einer Stadt, in der es mehr Ristoranti gibt, als beispielsweise in Firenze oder Verona. Nun darf ich an dieser Stelle feierlich mein Erscheinen auf der Wiese beim Jubiläum bekanntgeben. Die schönsten Zelte auf ihrem großen campeggio (Campingplatz?), in denen ich mit meinen Freunden und Landsleuten feiern werde, sind bereits angemietet. Die Bayerische Staatsregierung hat die Mitwirkung von belle ragazze bavarese versprochen und mir eine Gabriella Pauli als Tischdame vorgeschlagen. Ich hoffe, sie ist schon volljährig.

Cavaliere Silvio Berlusconi

OANS
ZWOA
GSUFFA
Oktoberfest München

Die Mutter aller Feste

Superlative so weit das Auge reicht, und warum die Stadt München im Ausland keine Werbung mehr für das Fest der Rituale, der Triebe und Gefühle macht.

Mehr als sechs Millionen Besucher in gut zwei Wochen. Und das auf engstem Raum. Nur Bierkrüge zwischen den Menschen. Oans, zwoa – gsuffa! Ein Wahnsinn. Das Münchner Oktoberfest ist das größte Volksfest der Welt, ein Mythos. Darauf können's Ihren Trachtenhut wetten. Der Prater in Wien, eine matte Sache: Eine nette Ausflugsgelegenheit – und das fast ganzjährig. Wenig Wucht. Der Dom zu Hamburg, eine trostlose Veranstaltung, die sich dreimal im Jahr mehrere Wochen lang norddeutsch dröge dahinschleppt. Wenig Masse, wenig Dichte, null Wucht. In Bayreuth, bei den anderen bayerischen Festspielen, sind zwar auch die Sitzplätze rar, ungemütlich und heiß begehrt, aber die schaffen gerade 60 000 Leutchen in 30 Tagen. Obendrein ist die Musik längst nicht so schmissig wie in München. Und beim Pushkar-Fest in Nordindien kommen 50 000 Touristen und damit weit weniger als Kamele. Das städtische Fremdenverkehrsamt in der Bayern-Metropole versichert glaubhaft, dass es seit Jahren im Ausland keine Reklame mehr für das Oktoberfest macht. Schon gar nicht in China. Käme nur ein Promille der dortigen Bevölkerung, um eine beim Oktoberfest wichtige Maßeinheit zu nehmen, wären es auf einen Schlag eine Million Besucher mehr. Wohin damit? Die Zelte sind voll.

Lassen wir noch ein paar Zahlen sprechen. Für 100 000 Personen gibt es Sitzplätze in 14 großen und 15 kleineren Festzelten, und doch reichen sie hinten und vorn nicht. 12 000 Menschen arbeiten auf der Wiesn, darunter Horrorgestalten, die in den Geisterbahnen Leute erschrecken. Circa 2 000 Bedienungen, von denen nicht wenige zehn oder gar zwölf Maß Bier auf einmal schleppen können, sind im Dauereinsatz und, echt wahr, ein paar Dutzend zierliche Flöhe, die vor staunenden Besuchern römische Kampfwägen ziehen. Die restlichen Tiere treten als Nahrungsmittel auf, ausgenommen ein paar Ponys für die Kinder und die schweren Brauereirösser. Letztere stehen nur zu Showzwecken mit Wagen voller Bierfässer herum. Die Fässer sind Staffage, denn das Festbier kommt fast überall aus Containern. Mehr als sechs Millionen Maß Bier rinnen durch durstige Kehlen, 600 000 Brathendl, 175 000 Paar Schweinsbratwürstl und eine Herde Ochsen (im Vorjahr waren es exakt 102 Stück) wandern in hungrige Mägen von Menschen aus aller Welt. Die Zahlen sind mit Vorsicht zu genießen, weil wahrscheinlich arg untertrieben. Das Finanzamt liest mit. Das wissen die Festwirte und die Schausteller.

220 Schaustellerbetriebe, darunter 80 Fahrgeschäfte, laden zum Mitmachen und Mitfahren ein, getreu dem olympischen Motto: Schneller, höher, weiter. Es könnte auch heißen: Gerührt, geschüttelt und gestoßen. Unter den Monsterschleudern die größte transportable Achterbahn mit mehreren Überkopfelementen. Den Fahrgästen ist nur zu wün-

schen, dass sie die erwähnten Hendl und Ochsen bei sich behalten. Voriges Jahr hat eine Frau Sternagel (Adresse ist den Autoren bekannt) ernsthaft bei der Stadt angefragt, ob es bald ein Gerät gibt, mit dem man ihren Mann auf den Mond schießen könne. Feierliche Hinrichtungen finden schon statt – und zwar im Stundentakt. Per Guillotine. Neben den Untoten aus Schichtls Zauberbude zählt man viele Scheintote, diese in Form von Bierleichen. Für die Polizei gilt aber: Eine Wiesn ohne einen richtigen Toten ist ein schöner Erfolg.

2 000 Schlägereien mit 400 Verletzten wurden im vergangenen Jahr registriert. Kopfverletzungen waren an der Tagesordnung, denn mit den großen Glaskrügen lässt sich nicht nur vorzüglich zuprosten, sondern leider auch zuschlagen. Polizei und Ordnungsdienst sind mit 3 000 Mann, also in Divisionsstärke, vor Ort, wobei die Rausschmeißer vor allem in östlichen Bundesländern rekrutiert werden. Auch eine Kompanie Notärzte und Sanitäter ist im Einsatz. Der amerikanische Schriftsteller Thomas Wolfe, der 1928 der Wiesn einen Besuch abgestattet hatte, geriet, nachdem er sieben oder acht Maß getrunken hatte, in eine wilde Schlägerei. Er ging mit Kopfwunden und gebrochener Nase daraus hervor und resümierte, dass ihn zwar München fast umgebracht, ihm aber dennoch menschliche Erfahrungen geschenkt habe, die andere in fünf Jahren nicht machten. So hören wir es gern. Merke: Bayerische Gemütlichkeit ist halt nicht völlig gewaltfrei zu haben. Früher nicht und heute nicht. Und bei so einer Mordsgaudi schon gleich gar nicht.

Zeltstadt mit Herz

Eigentlich ist das Oktoberfest für 16 Tage eine Stadt in der Stadt. Es verfügt über eine große Polizeiwache, ein kleines Krankenhaus, einen eigenen Briefträger, zwei Seelsorger, ein Jugendamt, einen eigenen Poststempel, Finanzbeamte und sogar über eine Schule für die Schausteller-Kinder. Mit der Menge Strom, die 43 Kilometer Kabel auf dem 31 Hektar großen Gelände verteilen, könnten etwa 1 300 Münchner Haushalte ein Jahr lang versorgt werden. Der Wasserverbrauch beläuft sich auf 104 000 Kubikmeter, das Bier ist da natürlich nicht mitgerechnet. Auf Umweltfreundlichkeit wird seit Jahren geachtet. So kommt nur noch Mehrweggeschirr zum Einsatz, Müll wird selbstverständlich getrennt. Ganz wichtig ist das Fundbüro. Im letzten Jahr wurden 4 400 Fundsachen registriert, darunter vier Gebisse, ein Dirndl ohne Trägerin, 250 Brillen, 220 Handys und sechs einzelne Schuhe. Verloren gegangene Ehefrauen und Kinder holt man bei der Polizei ab.

200 Jahre ist das Volksfest alt. Dabei wird es immer jünger. Die jungen Leute haben vor ein paar Jahren das Oktoberfest wiederentdeckt und haben einen Mordsfun bei der geilen Party. Die Wiesn ist einfach Kult, ein schöneres Prädikat gibt es nicht. Sie tragen Tracht, das wärmt das bayerische Herz. Lederhosen die Burschen und fesche Dirndl die Madln. Das sind Kleidungsstücke, in denen jede Frau etwas hermacht, auch solche, die nicht mit einer großen Oberweite gesegnet sind. Bayerische Hügellandschaften soweit das Auge reicht. Natürlich gibt es Auswüchse, wie immer in München. Promis und solche, die es werden wollen, laufen in Trachten herum, die aus dem Vatikan stammen könnten, und junge Mädchen treten in Mini-Dirndln auf, oben wenig, unten fast nix. Und das beim Table Dance. Das freut den Amerikaner, das kennt er von daheim. Den Heimatpflegern treibt es die Zornesröte ins Gesicht. „Des is doch koa Faschingsball ned“. Für viele doch. Da stecken die Freunde der traditionellen Tracht ihre Nase schamerfüllt in den Schweinsbraten.

So gut und frisch wie auf der Wiesn kommt bayerische Kost das ganze Jahr über nicht auf den Tisch. Kalbsbrust gefüllt mit Kartoffel-Gurken-

Salat, Briesmilzwurst gebacken, Schweinshaxn, Steinpilze in Rahm, Enten, Steckerlfisch (Fische auf Spießen) und Obatzta, (zermantschter Käse), Auszogne (kein Schweinkram, es handelt sich um flache Krapfen) und Kaiserschmarrn. Letzterer steht auch in Luxusausführungen, geeist oder als Parfait, auf manchen Speisekarten. Alfons Schuhbeck und seine Koch-Klone (einer allein kann nicht so allgegenwärtig sein) haben als Antwort auf den Chicken-Burger eigens das Hendl-Pflanzerl im Rautenweckerl erfunden. Es gibt sogar vegetarische Gerichte, aber generell heißt es: Fleisch ist hier das Gemüse. Die Preise sind geschmalzen oder gepfeffert, ganz nach Wunsch. Der Preis für die Maß Bier nähert sich langsam aber sicher der 10-Euro-Marke, natürlich gibt es auch Radler-Maßen (mit weißer Limo), Kaffee, Wein und Schnaps, gern als Obstler. 40-prozentig für 10 Euro und mehr. Für eine Magnumflasche Louis Roederer Brut zahlte der Champagner-Freund im Weinzelt zuletzt 285 Euro.

Mörderischer Andrang

Ausgschamte Preise hin oder her: Der Andrang auf die Zelte an manchen Abenden und an den Wochenenden ist mörderisch. Es spielen sich immer wieder hochdramatische Szenen ab. Langjährige Ehepaare werden auseinandergerissen, ganze Familien getrennt. Oder: Da kommt einer aus Australien angereist und ein anderer aus Furth im Wald, und sie kommen nicht hinein. Aber nur wer hineinkommt ist drin und gehört dazu, wie es in München so treffend heißt. Da muss man verstehen, wie verbittert der Mensch von Down Under und der von ganz hinten sind. Beide laufen nun, getrieben von Zerstörungsgedanken herum, obwohl sie die einschlägigen Erkenntnisse von Elias Cannetti gar nicht kennen. Die Türsteher leisten Schwerstarbeit. Die harten Türen der gefragtesten Discos Münchens und der Welt sind windelweich gegen die Holztore der großen Zelte, sagen wir an einem frühen Samstagabend. Die Organisatoren überlegen ständig, wie man dem Ansturm Herr werden kann. Doch länger feiern als 16 Tage? Noch mehr Zelte aufstellen? Die Wiesn einzäunen und abends zeitweise zusperren? Und was tun, wenn noch mehr Russen, Inder und die erwähnten Chinesen kommen? Wahnsinn.

Die Promis sind schon da. Ob man sie will oder nicht. Die Prominentendichte auf der Wiesn ist deutschlandweit konkurrenzlos. In dem urigen Fertighaus, das der Feinkostkönig Käfer jedes Jahr aufstellt, busseln sich die Schönen, die Reichen und die Unverzichtbaren ständig und vorsichtig ab und genießen im Blitzlichtgewitter Riesengarnelen, Waller und Wellfleisch gratis und das Freibier, das einer spendiert, den keiner kennt. (Die Fotografen sind von ihren Redakteuren angehalten, ihn auf dem Foto so zu stellen, dass man ihn leicht wegschneiden kann). Aber auch im Weinzelt und im Hippodrom sitzen reichlich Busenwunder, Boxenluder und Boni-Bezieher, aktuelle und ehemalige Sportgrößen, Strafverteidiger und ihre Mandanten und krisenerprobte Vorstandsvorsitzende, die auch keiner kennt. Und kaum noch ein Nobelpreisträger, die sowieso keiner kennen würde und die obendrein von Gerhard Polt, einem großen bayerischen Warner und Mahner, erfahren mussten, wie gefährlich so ein Wiesn-Besuch für Kopfmenschen sein kann. Nämlich dann, wenn die Schädeldecke so eines Geistesriesen für einen herabstürzenden Maßkrug zu dünn ist.

Albert Einstein war auch da und hat seine Aufenthalte auf dem Oktoberfest gut überstanden. Das ist belegt. Falsch ist die Behauptung, er habe auf der Wiesn im Kettenkarussell die Relativitätstheorie nebst der berühmten Formel $E=mc^2$ erdacht. Um der Wahrheit die Ehre zu geben: Er war 1896 als 17-jähriger als Ferienjobber tätig. Er schraubte im Schottenhamel-Zelt Glühbirnen in die Fassungen, die das Elektrogeschäft seines Vaters geliefert hatte. Aber weil wir gerade beim name-dropping sind: Hitler war kein Wiesngänger, aber seine Münchner Vasallen verstanden es, das Oktoberfest zu einem braunen Ereignis zu machen, großdeutsches Volksfest hieß es, bis ihm der Krieg den Garaus machte. Reden wir lieber vom Vogel-Jakob (ja nicht Jakob Vogel), der Name hat in München einen guten Klang. Der Mann war eine Attraktion am Wiesn-Rand und imitierte mit einem flachen Pfeiferl im Mund das schönste Vogelgezwitscher. Bis 1960 zwitscherte der Tresenreiter Jakob und machte dazu seine Späße. Seinen Spitznamen haben seine Nachfolger gern übernommen.

Trauliches Gemische

Der Münchner Dichter Paul Heyse (der von der gleichnamigen Bahnunterführung) schrieb einmal über die Wiesn:

„... hier findet sich auf brüderlichen Bänken Hoch und Gering in traulichem Gemische, den Knechten nah, die seine Pferde lenkten, der Staatenlenker vom Ministertisch, Pedell, Professor, Famulus, Student, die spült hinweg die Schranke, die sie trennt". Denkste Paul, der Schickimicki mag unter sich sein, aber durchaus vom Normalo bewundert werden. Aber es gibt sie noch, die gute Münchner Wiesn-Mischung. Das sind die Jüngeren, durchaus mitten im Gedränge, die Klassen-, Familien- und Firmenausflüge, die Stammgäste in gemütlichen Runden an den Nachmittagen und die gut gemixten Wiesntische abends in den großen Boxen der Zelte, wo es weniger rummelig und sicherer zugeht. Da prosten sich der Hausherr und seine Facility-Managerin (früher: Hausmeisterin) zu, die Geschäftsfrau und ihr Friseur, die Baroness und ihr Hallodri und der Professor und seine Studentin „ruckn heut amal öffentlich zamm". Die Bedienung kennen alle mit Vor- und häufig sogar mit Familiennamen.

Die Wiesn ist ein Hochamt der – oft ungemütlichen – Gemütlichkeit, weltweit von Taiwan bis Namibia, von Cambridge bis San Francisco hundertfach kopiert (Blumenau in Brasilien und Cincinatti/Ohio gelten als die besten Kopien). Aber das Bier wird aus Pappbechern getrunken, so wird das Original nie erreicht. Die richtige Wiesn, the one and only, findet in München statt und ist ein Fest für die Sinne, der tausend Geräusche und Gerüche. Vor allem das. Der Lärm und der Dampf in den Bierzelten sind infernalisch. Kein Mensch würde sich im Privatleben, geschweige denn im Beruf, solch einem Mief und Geräuschpegel aussetzen. Er würde den Betriebsrat oder den Betriebsarzt rufen. Wer eine gepflegte Konversation mit seiner Tischnachbarin führen will, sagen wir über die Darwin'sche Evolutionstheorie oder über Wege aus der Wirtschaftskrise, steht auf verlorenem Posten. Ein fesches Gewand, blitzende Augen, ein starker Arm, eine laute Singstimme, das sind Dinge die zählen. Oder die einfache Frage: „Gemma jetzt zu dir oder zu mir?"

Die Kapellen spielen nahezu ohne Unterlass, am Nachmittag noch Märsche in mittlerer Lautstärke, dann anschwellend Schlager anglo-amerikanischer, italienischer und auch deutscher Provenienz und gern Rock'n Roll zum Mitsingen und Mittanzen. Volle Lautstärke, presslufthammermäßig. Besonders gut kommt seit Jahren der charmante Refrain „Who the fuck is Alice?". Ein Wahnsinn. Die Menge steht auf den Bänken, die Luft steht auch, das Testosteron strömt, die Endorphine feiern mit. Die Zelte, aber auch die vielen Fahrgeschäfte, sind die reinsten Kontaktzentralen. Flirtzones, wie es neudeutsch heißt. Das Anbandeln funktioniert meist nonverbal, durch Körperkontakt, oft handgreiflich. Festzeit ist Brunftzeit in München, plumpe Anmache, Anzüglichkeiten und Angrapschen eingeschlossen. Im Soziologendeutsch hört es sich noch schlimmer an: Die Grenzen- und Schrankenlosigkeit, das Ausleben

der sinnlichen Bedürfnisse und Triebe, dies alles in der Anonymität, ohne soziale Kontrolle – auch das gehört zur Wiesn. Und wird in allen Umfragen von den meisten weiblichen Besuchern als lästig, ja widerwärtig empfunden, von einigen aber unbedingt erwartet.

Scheitern im Nahkampf

„Nix gegen einen Flirt, ein Busserl, aber vui redn irrsinnig bled daher und ham ihre Händ nimma in der Gewalt", formulierte es eine Herzlverkäuferin, die am Ende eines Arbeitstages die blauen Flecken an den erogenen Zonen nicht mehr zählen kann. Unbekannte Experten schätzen, dass sich auf der Wiesn Jahr für Jahr an die 10 000 Pärchen schnell zusammenfinden und ebenso schnell wieder auseinander gehen. Wahnsinn! Andere behaupten, nach der Wiesn käme es spätabendlich rund ums Gelände zu 3 000 One-Night-Stands. Wer derartiges hochgerechnet hat, hat wahrscheinlich nicht beachtet, dass die meisten von denen vielleicht willens, aber nach dem Bierkampf zum Nahkampf nicht mehr in der Lage waren. Gewollt haben sie schon, aber gekonnt haben sie nicht mehr. Das auch zur Beruhigung der Sitten- und Tugendwächter.

Aber lassen wir die seriöse Wissenschaft sprechen. Brigitte Veiz, fränkische (!) Sozialpsychologin, hat das Wiesnphänomen erforscht und aufgeschrieben, was die Menschen in überfüllte Bierbuden und rasende Fahrgeschäfte treibt: „Im rauschhaften Erleben wird das Individuum dem Alltag enthoben und es kann glücklich, frei und unbeschwert in einer tanzenden, feiernden Menge sich selbst vergessen – im bayerisch-dionysischen Rausch". Bis dahin folgen wir ihr noch. Aber dann behauptet die Forscherin: „Das Oktoberfest bietet die Gelegenheit orale, anale und phallische Triebe relativ uneingeschränkt auszuleben." Schon der Wiesnanstich sei ein archaisch-männliches und symbolträchtiges Ritual, wenn nämlich der goldglänzende Hahn in das erste, jungfräuliche Fass Wiesnbier getrieben wird. „Ja mi leckst", entfährt es dem anständigen Bierdimpfl, der schnell noch einen großen Schluck nimmt, „so hob i des bisher gar ned gsehng". Und er fragt sich, ob der Oberbürgermeister, der das erste Fass traditionell anzapft, sich seines Handelns bewusst ist? Der helle Wahnsinn, auf jeden Fall. *fi*

MIT'M FREIBIER KANNT'N SE DE WITTELSBACHER EVENTUELL LÄNGER HOIT'N!
...UND IM ZELT SITZ'N WIEDER DE GROSS-KOPFAT'N!
DES G'HÖRT SOFORT WEGEN ÜBERFÜLLUNG G'SCHLOSS'N!

In den Anfangsjahren gehörte das Pferderennen dazu. Das Aquarell von Heinrich Adam stammt aus dem Jahr 1821

Dreimal selig

Als der bayerische Kronprinz Ludwig anno 1810 mit seiner Braut Therese zum Traualtar schritt, gerieten die Münchner derart in Feierlaune, dass das Fest bis zum heutigen Tag wiederholt wird.

Wie jeder historisch Gebildete weiß, war 1810 ein Jahr wichtiger Hochzeiten. Am 1. April heiratete der Franzosen-Kaiser Napoleon die österreichische Kaisertochter Marie Louise, einige Monate später, am 12. Oktober, zog der bayerische Kronprinz Ludwig nach, indem er die aparte herzogliche Prinzessin Therese Charlotte Louise aus dem Duodezfürstentum Sachsen-Hildburghausen ehelichte.

In politischer Hinsicht landete der Korse mit der Eroberung einer Tochter aus dem feindlichen Hause Habsburg gewiss den größeren Coup, wohingegen der kulturelle Ertrag der Vermählung mau blieb und peinlich abfiel gegenüber dem, was Ludwig mit seiner Hochzeit auslöste: Nichts Geringeres nämlich als eine Entfesselung der dionysischen Wesenszüge des Münchners, die bis dahin wenig ausrichten konnten gegen seinen übermächtigen Hang, in aller Gemütlichkeit den eigenen Grant zu pflegen. Zwar gab es auch schon vor dem Jahr 1810 Gelegenheiten, sich in München kollektiv dem Rausch hinzugeben, doch meist hatten die Festivitäten einen christkatholischen Hintergrund, und es gebot sich, keinesfalls mehr zu trinken als der Pfarrer (was oft nicht wenig war). Was aber fehlte, war ein ordentliches weltliches Stadtfest mit einem so hohen Bierausstoß wie zur Fastenzeit, aber ohne Fastenregeln. Die Erhebung zum Königreich im Jahr 1806 wäre ein vortrefflicher Anlass gewesen, den Missstand endlich zu beheben, etwa mit einem alljährlich wiederkehrenden Bierfest unter dem Motto „Heute ein König". Aber leider, wie so oft, hat man die günstige Gelegenheit versäumt, sei es, weil Napoleon hinter der Beförderung des Kurfürsten zum König steckte, sei es, weil niemand die eigene Faulheit überwand. Die Hochzeit des Kronprinzen bot nun eine zweite Chance. Und die wurde geistesgegenwärtig genutzt.

Das soll jetzt nicht heißen, das Oktoberfest beruhe auf einem Masterplan, ausgetüftelt von einem weitblickenden Fremdenverkehrsexperten am königlichen Hof, der schon damals ahnte, dass man mit der örtlichen Fronleichnamsprozession kaum Italiener, und schon gar keine Australier und Amerikaner an die Isar locken würde. Nein, eher ist es so, dass die Münchner in die Sache praktisch hineingeschlittert sind, so wie jemand, der sich vorgenommen hat, im Wirtshaus nur eine Maß zu trinken und dann mit zehn Maß im Leib nach Hause torkelt. Ursprünglich jedenfalls wollte man die königliche Hochzeit mit einer einzigen Sause feiern, dies allerdings fünf Tage lang. Das Haus Wittelsbach, ansonsten eher sparsam veranlagt, ließ sich dabei nicht lumpen und gab reichlich Bier, Käse, Würste und Schaffleisch aus, was die Popularität der Monarchie für die folgenden 108 Jahre sicherstellte.

Wahnsinns-Wiesn

2. Wie alles begann

Generell war die Sättigung der Münchner Bürgerschaft mit Fett und Alkohol ein kluger Schachzug, weil so die unvermeidlichen Huldigungsgedichte leichter zu ertragen waren, beispielsweise das Poem des „Herrn Appellationsgerichtsraths von Mußinan" aus Straubing, in dem es unter anderem hieß: „Dreimal selig der Mann, welcher wie Ludwig sich eine Gattin gewählt." Ob Ludwig, der bis dahin in amouröser Hinsicht und auch sonst das Leben eines erlauchten Hallodris geführt hatte, sich wirklich selig fühlte, sei dahingestellt. Jedenfalls ließ er sich von seinem Gelöbnis der ehelichen Treue nicht lange beirren, oder anders gesagt: Er interpretierte seinen Part in der Ehe so großzügig, dass auch andere Damen in den Genuss seiner Kavaliersdienste kamen. Insofern nahm er die Freizügigkeit in sittlichen Dingen, wie sie auf der Wiesn später üblich wurde, beherzt vorweg.

Auf natürlicher Tribüne

Wer nun vermutet, die Massenspeisung am 13. Oktober 1810 sei das erste Oktoberfest gewesen, weil sich das Wesen der Wiesn bei dieser Gelegenheit bereits richtungsweisend entfaltete, hat sich gründlich vergaloppiert. Er übersieht, dass es der Natur des Münchners widerspricht, auf direktem Weg zum Ziel zu gelangen, was in diesem Fall bedeutet hätte, gleich das königliche Gelage zu einem jährlich wiederkehrenden Kollektivbesäufnis auszubauen. Nein, es geht auch komplizierter, beispielsweise indem man zunächst einmal ein Pferderennen veranstaltet. So geschah es dann auch, und zwar am 17. Oktober 1810. Austragungsort war eine Wiese „vor dem Sendlinger Thore", die im Westen ein Hang begrenzte, der dem Publikum als natürliche Tribüne diente. Die Stadt selbst, verwinkelt und verbaut, wie sie nun mal war, galt als ungeeignet für ein Rossrennen, zumal Opfer unter den 40 000 Einwohnern zu befürchten gewesen wären. Seitwärts des Rennparcours verlief übrigens die Straße nach Italien, was womöglich erklärt, warum es heutzutage noch in den entlegensten Mafia-Dörfern Siziliens als Ehrensache betrachtet wird, wenigstens einmal im Leben in einem Münchner Wiesnzelt besoffen zu Boden gesunken zu sein.

Aber das nur am Rande – wir waren ja beim Pferderennen. Die königliche Familie machte es sich in einem Pavillon – praktisch das erste Bierzelt – bequem, nahm die Huldigungen der bayerischen Volksstämme entgegen und delektierte sich bis zum Startsignal an einem Frühstück. Was das Sportliche betrifft, triumphierte das Pferd des Lohnkutschers Franz Baumgartner, der nebenher noch Unteroffizier der Nationalgarde III. Klasse war. Bemerkenswerter ist freilich, dass bei dieser Gelegenheit der aus Landshut stammende Rosshändler Franz Xaver Krenkl erstmals auf sich aufmerksam machte. Dessen Gaul galoppierte auf Platz drei, und schon da deutete sich an, dass Krenkl und seine Rösser noch Geschichte machen würden.

Selbstverständlich stand der königliche Pavillon im Mittelpunkt des Geschehens, schließlich sollte den Untertanen die junge Monarchie näher gebracht werden, sei es in Gestalt der Majestät, sei es in Gestalt einer schönen Prinzessin. Um das Königreich zu festigen, wollte man Eindruck schinden, am besten so, wie es – allerdings gegen Ende des Jahrhunderts – der Schriftsteller Josef Ruederer schilderte: „Hatte mal einen König gesehen, draußen auf der Theresienwiese beim Oktoberfest. Der kam daher, viel geheimnisvoller, viel großartiger, auf weiten Abstand, in einem offenen Wagen, wie der Sturmwind. Ein wunderschöner Mann in Uniform, mit schwarzem Haare und hellblauen Augen, ein schwarzer Hut mit nickenden Federn und ausgezogenem Bataillenband. Nur einen Augenblick machte es aus. Und doch blieb's unvergeßlich für

mich durch die Art der Erscheinung und die begleitenden Umstände. Ich bekam eine Vorstellung von Hoheit und Majestät auch ohne Szepter und Krönlein. Und die Menge half dazu, diese Begeisterung zu erhöhen. Sie schrie auf den Wagen ein, wie auf die buntgekleideten Maurerbuben, die eine Stunde später unter dem hochklingenden Namen Jockeis die abgerackerten Schindmähren der Getreide- und Häuserspekulanten dreimal über die ausgedörrte Festwiese hetzten: ‚Da Kini, da Kini'!"

Ein dezenter Wink

Ja, so sollte es sein: Ein großes Nationalfest, das dem Volk zu einer königlich-bayerischen Identität verhalf. Wenn dann noch ein Monarch von märchenhafter Gestalt auftrat, so einer wie Ludwig II., dessen Erscheinung dem jungen Ruederer offenbar mächtig imponiert hatte, war das Volk, womöglich sogar die bis heute fremdelnden Franken, bis auf weiteres ruhig gestellt. Aber mit dem „Kini" ging es ja später bergab, und am Ende versank er im Starnberger See – das Oktoberfest aber blieb. Es war eben doch in hohem Maße klug, dass die Vorfahren des melancholischen Herrschers, König Maximilian I. Joseph und insbesondere dessen Sohn Ludwig, auf die nachhaltige Wirkung einer volkstümlichen Sause gesetzt hatten. „Volksfeste", ließ der Kronprinz wissen, „erfreuen mich besonders. Sie sprechen den National-Charakter aus, der sich auf Kinder und Kindeskinder vererbt. Ich wünsche nun auch Kinder zu erhalten, und sie müssen gute Bayern werden, denn sonst würde ich sie mir minder wünschen."

Diese und andere Verlautbarungen aus dem Hause Wittelsbach waren ein dezenter Wink, es nicht bei einer einmaligen Hochzeitsfete zu belassen. Damit hätte die erlauchte Obrigkeit leicht auf die Nase fallen können, denn Beispiele für aufmüpfiges Verhalten gegenüber dem Herrscherhaus hatten die Münchner genug geliefert, ja, manchmal war es so, dass sie „grad zum Fleiß" genau das Gegenteil von dem taten, was die Wittelsbacher Herzöge, Kurfürsten oder Könige von ihnen erwarteten. Aber in diesem Fall war es anders. Diesmal lockten Bier, Freibier womöglich, Rossrennen und das eine oder andere lukrative Geschäft. Tatsächlich lud das Festkomitee im Oktober 1811 erneut zur Volksfeier, wobei dem Landvolk ein eindrucksvollerer Part zugeschrieben wurde als im Vorjahr. Der „Landwirtschaftliche Verein in Bayern" bereicherte das Fest mit einem Viehmarkt und einer Nutztierschau, mit der die bayerischen Bauern dem König zu imponieren hofften. Der Chronist Ulrich von Destouches schrieb dann auch in seinem „Gedenkbuch der Octoberfeste in München vom Jahre 1810 bis 1835": „Der huldvolle gütige Monarch schenkte diesem Feste die größte Aufmerksamkeit und durchging mehrere Male die Reihen der Ausstellung ... die ganze Zahl der um Preise concurrierenden Thiere bestand aus 25 Hengsten, 29 Zuchtstuten, 22

Stieren, 31 Kühen, 27 Schafböcken und 5 Schweinen. Die Zahl der zum Verkauf auf den Markt gebrachten Viehgattungen betrug 1206 Stück."

Bei diesem zweiten Oktoberfest kam der Rosshändler Franz Xaver Krenkl richtig groß heraus, das heißt, sein Pferd lief allen anderen davon. Von da an war der „bürgerliche Lohnkutscher" Krenkl der Galopperkönig von der Theresienwiese. Insgesamt 14 Mal gewannen Pferde aus seinem Stall den ersten Preis. Dass er auch im Angesicht besserer Herrschaften mit Kraftworten und Sottisen nicht sparte, förderte seinen Ruf, ein echtes bayerisches Mannsbild zu sein, beträchtlich. In der Stadt kursierten allerlei Anekdoten, sogenannte „Krenkliaden", deren Wahrheitsgehalt nicht über jeden Zweifel erhaben ist. Die berühmteste Schmonzette hat sich bis heute gehalten: Als Krenkl mit seiner Kutsche verbotenerweise die Equipage König Ludwig I. überholte, beantwortete er dessen Zurechtweisung mit dem unsterblichen Satz: „Majestät, wer ko, der ko."

Wenn aber in München eine Festivität zum zweiten Mal stattfindet, gilt sie als Tradition und muss bis zum jüngsten Tag wiederholt werden. So ist nun mal der Brauch. Außerdem wäre es einer Majestätsbeleidigung gleichgekommen, mit einem Mal auf das Fest zu verzichten. Und als allzu große Zumutung empfanden es die Münchner auch nicht, zur Stärkung des Königreichs diversen Lustbarkeiten wie Sacklaufen, Kegeln oder Altweiberrennen beizuwohnen und dabei eine patriotische Maß Bier oder gleich mehrere zu genießen. Dabei fanden in den ersten Jahrzehnten die Gelage noch in Wirtsbuden statt, die, wie ein Zeitgenosse 1832 berichtete, nicht viel mehr waren als „leicht gezimmerte Hütten, mit Tannenreisern, Blumenkränzen und bunten Schildern geschmückt" und mit „unzähligen blau und weißen Fähnchen bewimpelt". Prachtentfaltung im Stile eines heutigen Festzelts durfte sich allein der König erlauben, der mitsamt Familie und Hofschranzen das Geschehen in einem zentralen Pavillon verfolgte, dessen Zeltdach Kurfürst Max Emanuel bei einem seiner Feldzüge den Türken abgenommen hatte. Mithin war das erste Wiesnzelt eine Kriegsbeute – ein pikantes Detail, das seine Wirkung insofern bis heute entfaltet, als moderne Festzelte von Schlachtenlärm erfüllt sind und die Wirte mindestens ebenso fette Beute machen wie seinerzeit der „Blaue Kurfürst".

Im Königszelt war der Hochadel unter sich, und wenn doch einige handverlesene Bürgersöhne oder -töchter Zutritt erhielten, dann nur, um der Majestät zu huldigen oder einen Siegespreis entgegen zu nehmen. Schulkinder brachten Huldigungslieder zu Gehör, deren Texte zu den Perlen der zeitgenössischen Untertanenlyrik zählen:

„Und immer lieb und werth und teuer
Bleibt Allen unser Königs-Haus
Es bricht der treuen Liebe Feuer
Im freud'gen Jubelrufe aus,
Stimmt freudetrunken Alle an
Es lebe Maximilian."

Später war den Leuten das Königshaus nicht mehr ganz so lieb und werth und teuer, und 1918 jagten Münchner Revolutionäre die Wittelsbacher vom Thron und die Monarchie zum Teufel. Es stellte sich heraus, dass man auch ohne König prächtig feiern konnte, und bis heute hält sich das Gerücht, die Wiesn sei einer der wenigen gelungenen Versuche, die klassenlose Gesellschaft zu etablieren. Hier sitze der Bankdirektor neben dem Hartz-IV-Empfänger, und im Dunst des Bieres verschwänden alle sozialen Unterschiede – ein einig Volk von Saufbrüdern. In Wirklichkeit hat das Königszelt überlebt, und zwar als VIP-Loge, einer exklusiven Wirtsbox für Promi-Frisöre, Scheidungsanwälte und Schönheitschirurgen nebst deren Klientel aus dem Musikantenstadl- und Ministerialdirigentenmilieu.

Den bislang letzten Versuch, die Wiesn für die Wittelsbacher zurückzuerobern, hat Prinz Luitpold von Bayern, der Urenkel des letzten bayerischen Königs Ludwig III., unternommen. Der geschäftstüchtige Edelmann wollte sich mit seiner König-Ludwig-Schlossbrauerei Kaltenberg unbedingt zum Wiesnwirt aufschwingen, und dafür ist er einmal sogar mit Pferdekutschen, Rittern und Landsknechten zur Festwiese gezogen – vergebens. Statt Jubelrufen und freudetrunkenen Huldigungsliedern schlug dem Nachfahren der bayerischen Könige ein kühles „Da kannt ja jeda kemma“ entgegen. Man muss das verstehen: Erstens gilt es, die Festwirte und die so genannten Münchner Brauereien, die inzwischen meist von fremden Mächten beherrscht werden, vor lästiger Konkurrenz zu schützen, und zweitens haben die Münchner genug getan für den Ruhm der Wittelsbacher. Immerhin haben sie den Festplatz nach dem Namen der damaligen Braut benannt: Theresienwiese. *wg*

Die schönsten Bullen

Alle vier Jahre findet auf dem Festgelände gleichzeitig mit dem Oktoberfest das Zentrale Landwirtschaftsfest statt, auf dem die Leistungsfähigkeit der bayerischen Bauernhöfe demonstriert werden soll. Das Fest ist auch Messe, neue Maschinen und Produkte werden gezeigt. Etwa 800 Tiere sind dabei, darunter die schönsten Bullen des Landes. Das nächste ZLF ist im Jahr 2012, die eigentliche Wiesn ist dann etwas kleiner. Von Anfang an hatte die Landwirtschaft ihren Platz auf der Theresienwiese. Man wollte das Angenehme mit dem Nützlichen verbinden und zu Letzterem gehörten Hilfen zur Steigerung und Verbesserung der Landwirtschaft in Bayern.

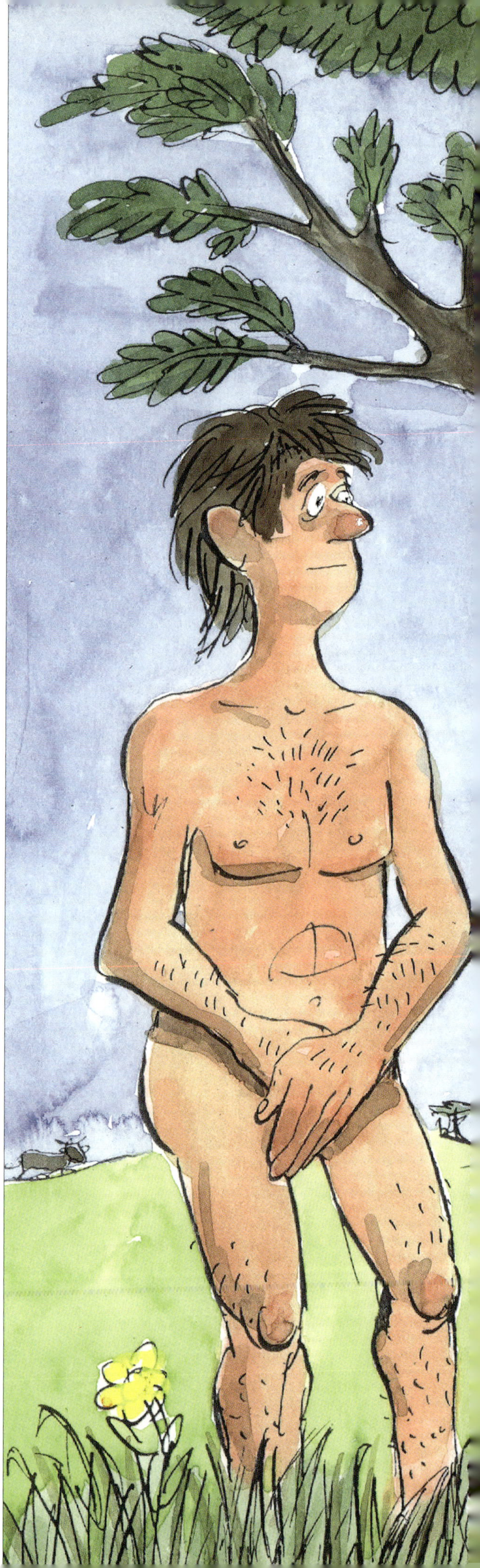

OANS, ZWOA, GSUFFA!

Ich bin gewiß, die Zwietracht der Teutschen allein ist es, die so vernichtend auf unseren Stern lastet. Ruhm bey der Mitwelt begehre ich nicht, doch möchte ich frommen meinen Baiern zu einem einig Volk. Ich wünsche und das sehr lebhaft, daß jetzt zu meiner Vermählung

. . .

Es ist mein inständigster fürstlicher Wunsch, mit meinen treuen Baiern ein Fest zu genießen, wie es edler und reiner in Teutschland nie gefeyert ward.

Oktober 1809

Ludwig Kronprinz

„Mitzuführen seyen alleyn ihre schönsten Säue und Ochsen"

Sensationeller Fund: Eine bisher unbekannte Notiz des Kronprinzen Ludwig, in der erstmals das Oktoberfest erwähnt wird.

Ich bin gewiß, die Zwietracht der Teutschen alleyn ist es, die so zernichtend auf unserm Stern lastet. Ruhm bey der Mitwelt begehr ich nicht, doch möcht ich formen meine Baiern zu einem einig Volk. Ich wünsche und das sehr lebhaft, dass jezo zu meiner Vermählung ein Nationalfest stattfinde, das alle Stämme und Stände meines künftigen Landes vereint. Volksfeste freuen mich besonders. Sie sprechen den Nationalcharakter aus, der sich auf Kinder und Kindeskinder vererbt. Dazu möge man auch die Franken bekehren, die noch immer nicht zu wissen scheinen, wo sie hingehören. Auch sie müssen gute Baiern werden, wie auch mich mein Vater, der König, zum guten Baier gebildet. Es soll dies ein Fest nach alter teutscher Sitte seyn, und so ist es der Wille des Kronprinzen, dass fremde Völker für alle Zeiten fernbleiben. Alleyn unser biedres Volk, in angestammter Treue an sein altes Fürstenhaus festhaltend, möge sich an dieser Feyer ergetzen. Mitzuführen seyen alleyn ihre schönsten Säue und Ochsen und andres bäuerliches Vieh.

Auch die Unsitte, das Bier über alle Maaßen zu trinken, ist einer Nationalfeyer abträglich. Ein Keferloher pro Mann genüget vollkommen, auch muß es alleyn wohlfeiles Bier aus dem Königlichen Hofbräuhause seyn. Die übrigen Brauereien mit ihrem sauren Gebräu sind fernzuhalten, ungeheure Bierpreiße und Geldprellerei dulde ich nicht. Auch von der Errichtung von Bierzelten und dergleichen Stätten des ungehemmten Suffs ist Abstand zu nehmen. Nur das Königszelt sey gestattet, in dem die Majestäten die Huldigungen der Unterthanen entgegennehmen. Die Frauen und Männer aus dem Volk sollen in der ihr eigenthümlichen Tracht der Feyer beiwohnen, wobei alles sittsam bedeckt sein muß. Man führe volkstümliche Tänze auf, bei der die Musik sich jeglichen Radaus zu enthalten habe. Huldigungsgedichte sind einer Kommission vorzulegen, der Vortrag erfolgt nach amtlicher Erlaubniß und in angemessenem Ton. Jeglicher Festtag endet bei Sonnenuntergange mit einem gemeinsamen Gebet und dem Absingen gottgefälliger und patriotischer Choräle.

Sollte die Polizey oder das Militär Kenntniß erhalten von Männern, die gegen alles Gebot, dem Bier unmäßig zusagend, dann herumgrölen und raufen oder gar die Nothdurft öffentlich verrichten, so sind diese unverzüglich in Haft zu nehmen. Auch das Anfaßen der Weiber, ob alt oder jung, muß unterbleiben. Es ist aber auch Pflicht der Weiber, nichts zur Schau zu stellen, was zu sittenverderbendem Thun Anstoß gäbe.

Es ist mein inständigster fürstlicher Wunsch, mit meinen treuen Baiern ein Fest zu genießen, wie es edler und reiner in Teutschland nie gefeyert ward.

Ludwig Kronprinz

Nie mehr wieder

Willkommen in der Stadt der Grantler. Einerseits sind die Einheimischen stolz auf ihr berühmtes Fest, andererseits können sie den Rummel nicht leiden, ausgenommen, sie sind selbst mittendrin. Aus Pflichtgefühl oder aus Versehen.

Die Münchner haben ein seltsames Verhältnis zu ihrem worldfamous Beerfestival. Einerseits sind sie stolz, Gastgeber einer solchen Mammutveranstaltung zu sein, die die Massen in ihre Stadt schwemmt. Für viele bedeutet die Gaudi Fasching, Ostern und Weihnachten zusammen. Sie sind süchtig danach. Sie fiebern schon wochenlang vorher auf das Ereignis hin und verfallen nach dem Schlusslied in Lethargie, bis im frühen Frühjahr wieder das Fieber einsetzt. Andererseits nervt der Rummel gewaltig: Die Welt zu Gast in der Stadt der Grantler und Kulturpessimisten. Nicht wenige von ihnen flüchten Richtung Süden oder in die Stille und Abgeschiedenheit des Bayerischen Waldes, wieder andere nehmen Urlaub, aber nur um auf dem Oktoberfest zu arbeiten, was wirklich kein Vergnügen ist. Aber in 16 Tagen ein Halbjahres-Verdienst, das lockt schon immer und in diesen Zeiten ganz besonders.

Jeder zweite Einheimische versichert auf Anfrage, er werde diesmal nicht hinausgehen auf die Theresienwiese, dort wo das Spektakel stattfindet, der Bierathlon als Volkssport. Dabei hat er gerade seine Trachtenjoppe zum Reinigen gebracht und einen Kleinkredit aufgenommen. Wird so ein angeblicher Wiesn-Muffel dann doch beim fröhlichen Zechen in seinem Lieblingszelt erwischt, dann erklärt er trotzig, diesmal sei es das letzte Mal gewesen. Das wirklich allerletzte Mal. Und überhaupt habe er Besuch aus Italien gehabt, dem er die Festa della birra habe vorführen müssen. („Eine Riesenhetz, wie bei eich im oidn Rom, gell.“) Darauf noch eine Maß! Die Italiener rangieren übrigens vor den Amerikanern und Australiern auf Platz eins der internationalen Gäste. Melting Pot Wiesn. Die große Mehrheit der Besucher (zwei Drittel!) stellen aber Jahr für Jahr Münchner und Bayern, die Wiesn ist und bleibt ein bayerisches Volksfest.

Die Jugend in Tracht

Vor allem die Münchner haben sich ihr Fest wieder zurückerobert. Das stellen die Veranstalter von der Stadt in den letzten Jahren immer wieder gern heraus. Und einen Trend zur Familienwiesn haben sie auch ausgemacht. Das ließ sich an den Verkaufsstatistiken von Limo, Spezi und anderen Softdrinks ablesen.

Der größte Wandel hat aber vor gut fünfzehn Jahren begonnen und vollzieht sich munter weiter. In den Zelten feiern die Jungen, und zwar am liebsten in Tracht. Oder etwas Ähnlichem. Das Oktoberfest ist ein Event, eine Riesenparty, es ist Kult. Was ihnen vor 20 Jahren noch vorkam wie eine dumpf-trübe Veranstaltung für Bier trinkende Spießer ist für die Jungen heute ein Muss, für viele hat sie was von Fanmeile, Rockkonzert und Loveparade, schrill und geil.

Bier und Spiele. Kontakte fallen so leicht wie beim Kirchentag.

Angefangen hat es beim Schottenhamel, wo die Musik flotter war und die Anhänger der Jungen Union in Bayern für jene Wende sorgten, die der alte Kanzler Kohl den Deutschen ganz allgemein versprochen hatte. Heutzutage erscheinen da Schüler im Klassenverband, Internatszöglinge en bloc, angeblich auch schon Kindergärten in Formation, ohne Gärtnerin. Inzwischen spielen die meisten Kapellen abends kaum noch einen Marsch, lieber Rock'n Roll, Countrymusik oder fetzige Schlager. Die Wiesn ist als gute Party-Location erkannt und irgendwie ein Ersatz für den traurigen Fasching in der Landeshauptstadt. Ältere Wiesnverehrer stehen dem Treiben fassungslos gegenüber: „Des is ja a Disco, bloß im Zelt, a Disco für Maschkerer. Zugehn tuat's wia im Eroscenter!“ Auch den Promi-Auftrieb nimmt der echte Münchner eher widerwillig zur Kenntnis, erzählt aber dann stolz im Kreis seiner Lieben, der Roberto Blanco sei zwei Boxen weiter gesessen und die eine vom Fernsehen, deren Namen ihm aber ums Verrecken nicht einfallen wolle.

Der allererste Wiesn-Wirt beim Einzug auf das Festgelände

Saufen mit behördlicher Hilfe

Der Image-Wandel ist jedenfalls gewaltig. Wir wollen jetzt keinen Zusammenhang herstellen, aber er ist so rätselhaft wie damals, als Schöngeister und solche, die sich dafür halten, sich plötzlich ungeniert für Fußball interessierten, den sie zuvor abscheulich prollig fanden. Die Autoren erinnern sich jedenfalls an Redaktionskonferenzen, bei denen Feuilletonredakteure den Kollegen vom Sport mit hohem Ernst erklärten, mit welchem System der FC Bayern endlich schöner spielen könnte (zweiter Stoßstürmer, noch eine hängende Spitze, Raute usw.) und natürlich konnten sie die Leistungsträger bei Arsenal oder beim FC Barcelona locker aufzählen. Und manche traf man bei Wind und Wetter mit dem Bier in der Hand im Stadion an. Fankurve!

Womit wir wieder beim Bier sind. München ist die Hauptstadt eines Landes, in dem die Suchtbekämpfung einen hohen Stellenwert hat. Der Alkoholismus hat hierzulande nichts zu lachen. Die Polizei geht beispielsweise scharf gegen Alkoholsünder auf den Straßen vor. Zeitweise gab es das strengste Anti-Raucher-Gesetz weltweit. Beim Oktoberfest war und ist das anders. Es durfte und darf natürlich ungeniert geraucht werden, und dem Saufen leisten Regierung und Behörden gerne Vorschub. Der Oberbürgermeister zapft lachend und live im Fernsehen das erste Fass an, der Ministerpräsident Bayerns bekommt die erste Maß gereicht und zeigt sich lachend und live als Vortrinker. Und zahllose Behörden sorgen für den erfolgreichen Verlauf des bayerischen Nationalrauschs mit internationaler Beteiligung. Vielleicht ist in diesem Zusammenhang erwähnenswert, dass der Gesamtumsatz des Oktoberfests, der sogenannte Wirtschaftswert, eine Milliarde Euro beträgt. Jährlich! „I hob gmoant, des war no mehra“, sinniert der Wiesnheimkehrer beim Blick in seinen leeren Geldbeutel.

Ja, dieses Fest ist einzigartig, oft seltsam. Es geht schon los beim Namen. Es beginnt im September, heißt aber Oktoberfest. Das dient nicht der Irreführung der Gäste aus Preußen und dem sonstigen Ausland – die meisten Münchner haben sich ja mit dem Ansturm abgefunden. Nein, das Fest wurde 1810, Mitte Oktober, erstmals ausgerichtet, als der Kronprinz Ludwig, der spätere König Ludwig I., seine Therese, damals zarte 18, zur Frau nahm. Übrigens eine Sachsen-Hildburghausen, also eine Zuagroaste, aber der Vorname Therese war okay. Ende des 19. Jahrhunderts hat man dann gemerkt, dass es im September nicht so kalt ist wie im Oktober und hat das Ganze vorgezogen. Mit wechselndem Erfolg, was die Temperaturen betrifft. 2008 wurden beispielsweise zweitausend Liter Glühwein verkauft. Sinnigerweise an den Eis-Standln.

Ochsen mit Namen

Die Einheimischen sprechen von der Wiesn. Das ist die mundfaule Kurzform von Theresienwiese. Eine Wiese ist das 31 Hektar große Areal im Münchner Westen aber wirklich nicht, eigentlich das Jahr über ein großer Parkplatz mit spärlichem Grasbewuchs. Aber er war einmal eine schöne Wiesn, damals als man zur Freude der Münchner Bevölkerung Rennpferde laufen ließ, Essen und Trinken wurden seinerzeit noch in der Innenstadt und auf der Sendlinger Anhöhe serviert. Heute drehen sich zehntausende Enten, Hühner und Schweinshaxn vor meterhohen Gasgrillwänden um ihre eigene Achse, hauen die Großküchen in den Zelten an guten Tagen 12 000 bis 15 000 Essen heraus, Kolonnen von Kellnerinnen, oft sekundiert vom Ordnungsdienst, bringen sie unter die Leute. In der Ochsenbraterei, wo jeder Ochse einen Namen bekommt, rotiert immerhin noch einer zur Show am Spieß, der Rest wird, bestückt mit Temperaturfühlern, in Kombidämpfern gegart. Allein bei der Fischer-Vroni braten die Steckerlfische über echter Glut.

Für die Festwirte ist der Platz auf jeden Fall und jedes Jahr ein gmahd's Wieserl (eine gemähte Wiese). Fachleute reden von einer Million Reingewinn pro Großzelt, was natürlich bestritten wird. Überhaupt sind die Festwirte der Fleisch gewordene Slogan der in Bayern übermächtigen CSU. Sie verkörpern Fortschritt und Tradition, stehen für Laptop und Lederhose. Abends sitzt der Systemgastronom in der Hirschledernen vor seinem PC und rechnet die Tageseinnahmen seines high-tech-gesteuerten, hochoptimierten Traditionsbetriebes und Gemütlichkeitsbeschleunigers zusammen, die ihm auch für die Zukunft ein erträgliches Auskommen im Freistaat, in Florida oder am Gardasee sichern.

An manchen Freitagen oder Samstagen, wenn es schön warm ist, werden in einem einzigen der großen Zelte 30 000 Maß getrunken. Das wären 30 000 Liter Bier, wenn gut eingeschenkt wäre. Das glaubt aber keiner, obwohl die Behörden und der „Verein gegen betrügerisches Einschenken" darüber wachen. Zeiten, wie in den 80er Jahren, in denen ein Schankkellner aus einem 200-Liter-Fass zum Verdruss der Gäste geradezu biblische 289 Maß herauszauberte, sind aber passé. Die Krüge sind auch nicht mehr aus Stein, sondern aus Glas. Der Zecher sieht, wie viel drin ist. Und: Es darf nachgeschenkt werden. Der Ärger hat seither stark nachgelassen.

Aus Fässern und Containern

Für die Wiesn brauen die ortsansässigen Brauereien, die zum Teil in brasilianisch-belgischer und holländischer Hand sind, ein spezielles Festbier (Wiesnmärzen) mit mehr Stammwürze und damit auch mit höherem Alkoholgehalt (6 Prozent und mehr). Nur das Augustiner-Bier kommt noch aus Fässern, der Rest fließt aus Containern, die bis zu 7 500 Liter fassen. Wiesngäste aus Nord-, Ost- und Westdeutschland behaupten gern, das Bier sei nicht übermäßig stark, fallen nach derlei trotzig vorgetragenen Erklärungen aber meist umgehend und bewusstlos unter den Tisch. Am nächsten Tag nehmen sie dann einen neuen Anlauf, um ihrer These zum Durchbruch zu verhelfen. Auf zum einarmigen Reißen. Ein Proooosit der Gemüüüütlichkeit.

Die klügeren Einheimischen haben Respekt vor dem Festbier. Normalerweise trinkt der Münchner die erste Maß zügig und vor allem den ersten Schluck mit hohem Genuss. Bei der zweiten wird er schon langsamer, lässt gern ein Noagerl zurück. Am Nachmittag und für den Fall, dass er doch noch ins Büro muss, bevorzugt er eine Radler-Maß. Vom Kampftrinken oder Komasaufen (dabei vergeht dem Teilnehmer das Hören, Sehen und weithin das Sprechen) hält er jedenfalls gar nichts. Er will ja am Ende des Abends nicht wie ein Neandertaler auf Streit- oder Weibchensuche durch die sich leerende Wiesn wanken. Dabei ist dieser Typus Biertrinker nichts Neues. Von dem Augustinermönch Ignatius Ertl ist eine Sammlung von Buß-Predigten erhalten, in der auch die „böse Gewonheit deß immerwährenden Vollsauffens" angeprangert wird. Und weiter heißt es da, welche Plage für die Frau das sei, „wann ihr trunckner Mann wie ein unempfindlicher Stock und Block, oder wie eine wolgemestete Sau reverendo da liget". Ignatius hat von 1645 bis 1713 gelebt.

Tradition und Triebe, Rhythmus und Rituale: Vieles gehört unverrückbar dazu, einiges war und ist im Fluss. Gleich nach dem 2. Weltkrieg war das wieder gewonnene Oktoberfest ein Stück Frieden und Freiheit, in den Jahrzehnten danach ein Stimmungs- und mit seinen stetig steigenden Preisen ein Wohlstands-Barometer. Das Essen wurde nobler, das Publikum schicker. Gerauft wird in den Zelten trotzdem noch, aber zu Massenschlägereien wie früher kommt es nicht mehr. Ordner und Polizei sind nämlich schnell zur Stelle. Der einst so gefürchtete Maurer-Montag, an dem die Fäuste und die Krüge flogen, gehört der Vergangenheit an. Dem Baugewerbe geht es nicht so gut und es gibt halt kaum noch bayerische Maurer. Und längst Geschichte sind die Zelt-Schlachten, bei denen sich die gegnerischen Parteien sofort zusammentaten, wenn die Polizei erschien, hin und wieder musste sogar die königliche Armee eingreifen.

FATA MORGANA

Dem königlichen Haus verdanken Stadt und Land das Fest. Dass es seit 200 Jahren funktioniert und floriert, hat gewiss mit dem barocken Lebensgefühl der Oberbayern zu tun, mit den Leuten und der Landschaft – alles ist fülliger, sinnlicher, runder, üppiger, farbenfroher als anderswo. Und gemütlicher. Narzissmus, Extrovertiertheit und Exzess gehören auch dazu. Die auswärtigen Wiesn-Gäste lernen das schnell. Der Katholizismus spielt natürlich eine große Rolle. Über die Stränge schlagen, was Verbotenes anstellen, Gebote übertreten, das ist schon was Schönes. Man kann die Verfehlungen ja wieder beichten. Da staunt der Protestant. Das Oktoberfest in Bremen, in Chemnitz oder in Nürnberg, das wäre keine Erfolgsstory geworden.

Termine, Öffnungszeiten

Nach der Festregel endet das Oktoberfest immer am 1. Sonntag im Oktober, wenn man 16 Tage zurückrechnet, hat man den Eröffnungstag. Wenn der 3. Oktober (Tag der deutschen Einheit) auf einen Montag fällt, wird das Fest um einen Tag verlängert. In den Zelten wird von Montag bis Freitag von 10 bis 22.30 Uhr Bier ausgeschenkt und Essen verkauft, an den Samstagen und Sonntagen von 9 bis 22.30 Uhr. Die Zelte schließen um 23.30 Uhr. Käfers Wiesnschenke und das Weinzelt machen erst um 1 Uhr früh dicht, Getränke gibt es dort bis 0.30 Uhr. Die Verkaufsbuden und Schaustellergeschäfte schließen von Montag bis Donnerstag und an den Sonntagen um 23.30 Uhr, an Freitagen und Samstagen um 24 Uhr. Am Eröffnungstag beginnt der Bierausschank erst nach dem offiziellen Anstich um Schlag 12 Uhr.

Die Wiesn ist zum Lieben, zum Staunen, zum Fürchten. Sie ist ein einziger Rausch. Wir meinen jetzt nicht den Bierrausch oder den Konsumrausch, die beiden sind garantiert. Nein, wir meinen den Rausch des Vergnügens, des Erlebens, den Rausch der Geschwindigkeit und der Sinne, alles zusammen genommen für viele ein Rausch des Glücks. Die Momente des Wiesnglücks sind verschieden. Der eine erlebt sie im Gedränge mitten im Zelt, rechts die Hand an der Maß, links das Madl im Arm, und die Musi spielt krachend dazu. Der andere erlebt sie an einem sonnigen Werktag-Nachmittag draußen an den Tischen vor dem Zelt, die Bedienung ist noch ungestresst freundlich und die Musik dringt nur halblaut ins Ohr, Biergartenatmosphäre wie sie schöner nicht sein kann.

Die Kinder freuen sich im Autoscooter und im Kettenkarussell unterm weiß-blauen Himmel. Die nicht mehr ganz so Kleinen erleben erste erotische Momente, so wie sonst noch bei der Mai-Andacht. Und das junge Pärchen schmiegt sich abends hoch oben im Riesenrad zusammen und schaut verzückt und selbstvergessen auf das Lichtermeer hinunter. Sie denkt, jetzt macht er mir gleich einen Heiratsantrag (es gibt ja kaum einen besseren Ort dafür), er denkt, was das Strom kostet! Und für mein Start-up-Unternehmen krieg ich bestimmt kein Geld. Ja, ja, die Wiesn kann sehr romantisch sein. Wahnsinn.

Es kommt nur darauf an, wann und wo man hingeht und mit wem. Fragen Sie in diesem Fall nicht ihren Arzt oder Apotheker (na ja, den auch, zur Sicherheit), sondern einen echten Münchner. Vielleicht geht er ja sogar mit hinaus, obwohl er es nie mehr tun wollte. Und kritisieren Sie nichts an der Wiesn, höchstens die Preise, aber auch diese nur dezent. Denn Kritik, von Fremden vorgetragen, duldet selbst der strikteste Wiesn-Taliban nicht. Man ist Muffel, aber auch Patriot. Das Oktoberfest ist und bleibt das größte und schönste, das allein selig machende Fest, die Mutter aller Feste. Host mi?! *fi*

Zweieinhalb Schläge

Die Welt schaut zu: Das rituelle Anzapfen durch den Münchner Oberbürgermeister ist nur mit dem Segen urbi et orbi aus Rom zu vergleichen, den derzeit auch ein Bayer vollzieht. Aber der hat es deutlich einfacher.

Die wichtigste Amtshandlung im Leben eines Münchner Oberbürgermeisters und die einzige, die er wirklich können muss (Eigenaussage des Amtsinhabers), ist der Anstich des ersten Fasses Festbier auf dem Oktoberfest. Das ist leicht zu erklären. Wenn er Turnhallen eröffnet, 90-Jährigen zum Geburtstag gratuliert oder in einem Hinterzimmer noch einmal das Aus für den ungeliebten Transrapid erläutert, dann sitzen vielleicht, wenn überhaupt, ein paar freie Mitarbeiter der örtlichen Zeitungen herum. Beim Wiesn-Anstich aber ist die Weltpresse zugegen, ungezählte Fotografen und Fernsehleute von TV-Stationen aus aller Herren Länder richten ihre Kameras auf den Oberbürgermeister und schicken Bilder der Zeremonie rund um den Globus. Und im Zelt hat der politische Gegner, nämlich die zahlreich vertretene Junge Union, die Schnuller, pardon, die Finger fürs Pfeifkonzert schon im Mund. Braucht er viele Schläge, oder schafft er es in zweieinhalb (bisheriger Rekord) oder diesmal gar in zwei?

Eigentlich ist der Akt nur noch zu vergleichen mit dem Segen urbi et orbi, den ein anderer Bayer, derzeit als Kirchenoberhaupt in Rom tätig, vollzieht. Bei dem kommt es nicht auf die Zahl der Schläge an, sondern auf die vielen Sprachen und ob er sie einigermaßen korrekt ausspricht. Er hat es aber im Prinzip leicht. Wenn er wirklich einen Fehler macht, müssen die Umstehenden nicht darunter leiden. Beim glücklosen Anzapfen aber spritzt das Bier ungezügelt durch die Gegend und das Stadtoberhaupt und die Sekundanten der Feierlichkeit schauen aus wie frisch getaufte Mäuse. Und der Trachtenanzug, das wichtigste Kleidungsstück für einen bayerischen Politiker, wäre ruiniert. Und, das wollen wir nicht vergessen: Dem Heiligen Vater schauen die Chinesen nicht zu, wohl aber zunehmend dem Münchner Anzapfvirtuosen.

Der jetzige Oberbürgermeister, Christian Ude heißt er (das nur für ein paar Indios aus dem Amazonasbecken), versteht sich auf das Anzapfen. Und er wird immer besser, strebt die Unfehlbarkeit an wie sein Landsmann im Vatikan. So legt der Mann immer wieder Ehre für die Stadt des Bieres ein, wenn ihm die Arbeit mit dem messingschweren Wechsel und dem massiven Holzschlegel gelingt. Und ganz befreit ruft er dann, zugegeben mit noch ein wenig Angstschweiß auf der Stirn, die Zähne unterm Schnauzbart glücklich bleckend, das erlösende „Ozapft is“ in die Runde. Von da an darf gesoffen werden. „Ogstocha is“ (angestochen ist), wäre als Ausruf auch möglich. Aber man verzichtet darauf, weil es nach „obgstocha“ (abgestochen) klingt. Und das soll ja während der zwei Festwochen tunlichst vermieden werden. Er könnte aber, angesichts der vielen angloamerikanischen Besucher, ein lautes „otapped“ (sprich: odäbbt) ausbringen. Aber das

Vom Lehrling ...

hört sich wie Depp an, und das könnten wieder die Einheimischen falsch verstehen.

19 Schläge und Schläglein

Das offizielle Anzapfen wurde mehr oder weniger zufällig erfunden. Beim 2. Nachkriegs-Oktoberfest 1950 war es dem damaligen Oberbürgermeister Thomas Wimmer beim Einzug der Wiesn-Wirte in seiner Kutsche zu langweilig geworden und er ging ein Stück zu Fuß. Dann nahm ihn Michael Schottenhamel, der Wirt des gleichnamigen Zeltes, in seiner Kutsche auf und dann mit ins Zelt, wo der Oberbürgermeister nicht lange überredet werden musste, das erste Fass zu öffnen. Der Wimmer Damerl, wie ihn die Münchner liebevoll nannten, brauchte 16, manche behaupten sogar 19 Schläge und Schläglein, bis er den Wechsel mit dem Holzhammer ins 200-Liter-Eichenfass getrieben hatte. Erstaunlich für einen gelernten Schreiner. Es fiel der Weltöffentlichkeit noch nicht auf, weil sie damals noch nicht da war. Heute wäre ein Oberbürgermeister mit so einem Ergebnis politisch und menschlich erledigt. Erstens wegen der weltweiten Blamage, zweitens, weil die Durstigen in den anderen Zelten eine Ewigkeit von zwei, drei Minuten warten müssten, bis der Gerstensaft allgemein fließen darf.

Für Oberbürgermeister ist der Akt des Anstichs also der reine Stress. Udes Vor-Vorgänger Erich Kiesl, der ein schwarzes Zwischenspiel im ansonsten roten Münchner Rathaus schaffte, war so aufgeregt, dass er einmal das „Ozapft is“ vergaß, und einmal angeblich „Ozipft is“ rief, als er den ersten gefüllten Krug in die Höhe hielt. Andere behaupten, er habe „Ozupft is“ gerufen. Das klingt plausibel, denn der umtriebige Erich zupfte gern an jungen Damen herum. Das aber nur am Rande. Der Mann ist weithin vergessen, hauptsächlich weil er als Anzapfer ruhmlos geblieben ist.

... zum Meister. Münchens Oberbürgermeister Ude, der Anzapfkönig.

Überhaupt war der Anzapf-Akt begleitet von Pleiten, Pech und Pannen. Hans-Jochen Vogel, der seinem Amtsvorgänger Wimmer das Anzapfen zunächst auch noch im Ruhestand überließ, musste schließlich von 1964 an ran. 1971 passierte ihm, dem Perfektionisten, dann das Malheur: Das Bier schoss nach dem 3. Schlag wie ein Springbrunnen aus dem Fass und er konnte erst weiterzapfen, nachdem ihm sein Stellvertreter Albert Bayerle den Schaum von der Brille geputzt hatte. Besonderes Pech hatte Vogels Nachfolger Georg Kronawitter, der aus dem frisch gefüllten Maßkrug trank, während unten aus einem Loch im Krug das Bier herauslief. Weil er das nicht bemerkte, schwenkte er den Biesl-Krug auch noch schwungvoll über den Köpfen der Umstehenden. Sabotage oder nur ein Materialfehler? Es wurde nie geklärt.

Christian Ude hat ausführlich beschrieben, wie leichfertig er nach seiner ersten Wahl zum ersten Anstich gehen wollte – unbedarft und ungeübt. Es fand dann ein Geheimtraining statt: mit leerem Fass, mit einem Fass mit Wasser und dann mit einem Bierfass, bei dem sich der Mann vor lauter Üben beinahe einen Tennis- bzw. Bierarm zugezogen hätte. Außerdem plagten ihn vor dem Ereignis Albträume. Darin versagte er kläglich und ein Biersee ergoss sich ins Zelt, schwemmte die Leute zu tausenden ins Freie. Glücklicherweise war noch rechtzeitig aufgefallen, dass er Linkshänder ist. Um ein Haar wäre die Pressetribüne mit den Fotografen und den Kameraleuten auf der falschen Seite gestanden, und die Bilder für die Welt aus dem Schottenhamel-Zelt hätten nur den Hintern des Stadtoberhaupts gezeigt. Aber es ging einigermaßen gut, Ude dipfelte (sanft draufschlagen) nach zwei gelungenen Schlägen nur ein paar Mal nach und wurde schließlich in seinem Übereifer, oder sagen wir in seiner Premierenangst, von umstehenden Wohlgesinnten gestoppt.

Das Stadtoberhaupt, inzwischen seit Generationen im Amt und mit zweieinhalb Schlägen der Rekordhalter, wird sich, wie wir ihn kennen, damit aber nicht zufrieden geben. Beobachter aus der Ratsboxe glauben, dass er es in diesem Jahr mit einem Schlag und einem halben schaffen könnte, andere trauen ihm sogar zu, dass er zum 200-jährigen Wiesn-Jubiläum nur noch einen Hieb braucht. Vorher will er allerdings das Fass von einer unabhängigen Expertenkommission auf seine Echtheit und Unversehrtheit prüfen lassen. Das hat seinen Grund.

Aus Kreisen der oppositionellen Christsozialen wird seit längerem das Gerücht gestreut, das Fass könnte einen doppelten Boden haben oder sonst wie manipuliert sein. Wie das geschehen kann, ist den Autoren zwar angesichts der Seriosität der Bierbranche und der Naivität der bayerischen SPD schleierhaft. Auffallend ist, dass das Fass in der Anstichbox unweit von einem Vorhang steht, hinter dem sich alles Mögliche verborgen halten kann. Ein leidenschaftlicher Ude-Kritiker (nennen wir ihn einfach Deep Throat) hat uns bei einem Hintergrundgespräch in der Münchner Kanalisation (Udes Augen sind überall) anvertraut, dass er Kabel und Schläuche, Steckdosen und allerlei Schalter für ein paar Zehntelsekunden gesehen habe ...

Ude selbst weist Unterschleif energisch zurück. Bei einem Treffen im Rathaus deutete er eine große Überraschung an. Wenn wir ihn richtig verstanden haben, wird er es im nächsten Jahr mit Telekinese versuchen. Die offenkundigen Tricks des Gabelbiegers Uri Geller oder eines gewissen David Copperfield aus Amerika wären dagegen eine matte Sache. Telekinese ist ein parapsychologisches Phänomen; allein mit Geistes- und Willenskraft würde er das Fass öffnen und das Bier zum Laufen bringen. Es wäre der Scoop überhaupt und Udes sonstige Verdienste (gekonnte Glückwünsche für Senioren, glückhafte Turnhalleneröffnungen und das beidhändige Aufhalten des Transrapids) würden zurückweichen vor dieser sagenhaften Leistung vor Milliardenpublikum. Man denke nur an die Chinesen! Es kann aber auch sein, dass er, der Linkshänder, es mit der rechten Hand probieren will. Wir warten jedenfalls gespannt ab. *fi*

Anleitung für Anzapfer

Jeder Mensch, der schon einmal ein Fass angezapft hat mit Wechsel und Schlegel, weiß, wie schwierig dieser Vorgang ist. Man nehme den Wechsel in die linke Hand, den Daumen steckt man in den Ring des Hahns, der Schlegel gehört in die rechte Hand. Der erste Schlag ist sachte auszuführen, dann wird kräftig draufgeschlagen. Nach dem letzten Schlag darf der Anzapfer nicht loslassen, weil sonst der Druck aus dem Fass den Hahn wieder aus dem Spundloch treiben könnte. Er muss also umgreifen – beide Hände packen jetzt den Wechsel, die Rechte drückt den Hahn nach unten, derweil man mit der Linken nach dem ersten Maßkrug greift. Für Linkshänder (Ude!) gilt alles umgekehrt. Probieren Sie es ruhig einmal bei der nächsten Gartenparty, ziehen Sie aber beim ersten Versuch einen langen Regenmantel an.

„I declare the Beerfestival feierly open“

Von Jackie Chan bis Thomas Gottschalk – die bisher so langweilige Eröffnung des Oktoberfestes präsentiert sich als Welt-Event.

Die Eröffnung des Oktoberfestes ist in vollem Gange. Oberbürgermeister Christian Ude schreitet auf einer Showtreppe von der Balustrade im Schottenhamelzelt langsam herunter, flankiert von Mitgliedern der schon legendären Damen-Wiesn unter Führung der Gattin eines großen Autoverleihers. Die Damen in ihren silbernen Haute-Couture-Dirndln schwingen große Rettiche und leuchtende Lebkuchenherzen und juchzen. Das Fernsehballett des Mitteldeutschen Rundfunks in roten Latex-Trachten tanzt vor und hinter dem Stadtoberhaupt. Die Wiesnkapelle spielt Beethovens Neunte (Freude, schöner Götterfunken) in einer Bearbeitung von DJ Ötzi, Roberto Blanco singt, unterstützt vom Tölzer Knabenchor, seinen Hit „Ein bisschen Spaß muss sein“. Die Stimmung im Zelt geht hoch und höher. „Super, suuuper“, schreit der Wiesnstadtrat der CSU der städtischen Fremdenverkehrschefin Gabriele Weishäupl ins Ohr. Sie ist die Verantwortliche für die Zeremonie.

Ude trägt einen langen Samtumhang in schwarzgold, den Stadtfarben, mit schmalem Hermelinkragen und einer kleinen Krone. Am Ende der Treppe angelangt, wirft er mit kühnem Schwung den Mantel ab, er steht da in einer kurzen Lederhose, was der Wiesnstadtrat der SPD mit dem Satz kommentiert: „Wadlmäßig muaß er no zualegn“. Ude nähert sich dem goldenen Fass. Die Anführerin der Wiesn-Damen, als Riesenbrezn kostümiert, reicht ihm den rot lackierten Schlegel. Ude haut den Hahn ins Fass, das mit Werbeslogans eines japanischen Autoherstellers verziert ist. Ein In-door-Feuerwerk, wie man es von den Siegerehrungen bei Hallen-Weltmeisterschaften und für die Sieger von Quizshows kennt, brennt ab, das lenkt von dem Bier ab, das aus dem Fass spritzt. Ude ruft mit Schaum im Gesicht sein bewährtes „Ozapft is“, der neue Ministerpräsident ruft ungebeten aber feierlich: I declare the onehundredand ... (unverständlich) Beerfestival in Munich feierly open“.

Auftritt Jackie Chan. Der weithin bekannte Kung-Fu-Darsteller kämpft mit einem Steckerlfisch ein paar mitgebrachte Bösewichte nieder, die Shirts mit der Aufschrift „Ich bin ein Wiesnmuffel“ tragen und schlägt dann barfüßig mit einigen Fußtritten riesige Lebkuchenherzen entzwei. Dieselbe Übung gelingt ihm im dritten Anlauf bei einem Fass Bier. Das Münchner Kindl in seinem Mönchlein-Kostüm ruft entzückt: „Great Jackie“. Das Publikum tobt. Der Wiesnstadtrat von der CSU schreit Frau Weishäupl ins Ohr: „Was glauben Sie, wie das reklamemäßig einschlägt im asiatischen Raum, die mögen ja dieses Zeugs, diese Kampfsportarten. War ja auch meine Idee“.

Es erklingt „We are the Champions“, dargeboten von den Regensburger Domspatzen. Danach singt der Oberbürgermeister zusammen mit dem

VON ARNIE GEBRATEN WERDEN! DASS ICH DAS NOCH ERLEBEN DARF!
OCHSENBRATEREI
BRÄU

HOFBRÄU

Ministerpräsidenten und dem Chor der Damen-Wiesn den Wiesnhit der kommenden Jahre: „Mir san doch ned von Surinam, wo' s olle glei an Suri ham“. Auf hochdeutsch: Wir sind doch nicht aus Surinam, wo sie alle gleich ein Räuschlein haben. (Alle Rechte bei Ernst Fischer, Text, und Wolfgang Görl, Musik). Die bewährten Goaßlschnalzer (Effetpeitschenschwinger) und Schuhplatter (Schuhsohlenklatscher) treten auf, fesche Stuntgirls, als Wiesnbedienungen kostümiert, sausen an Drahtseilen hoch über den Köpfen der Besucher durch das Zelt und schwingen Fahnen mit den Logos der Sponsoren.

Aufopfernd im Wiesn-Einsatz: Fremdenverkehrs-Chefin Gabriele Weishäupl

Der bekannte Gastronom Michael Käfer verliest seine Speisekarte auf chinesisch, auf den riesigen Monitoren im Zelt (und beim Public-Viewing auf dem Marienplatz) ist zu sehen, wie der neue Erzbischof seinen Segen gibt. Von einem Live-Auftritt seiner Eminenz im Zelt hat man noch abgesehen, da man nicht sicher sein konnte, wie volkstümlich der Neue wirklich ist. Er macht seine Sache gut, wenn auch auf lateinisch. TV-Moderator Waldemar (Waldi) Hartmann interviewt ehemalige und wieder voll einsatzfähige Bierleichen, der ehemalige Bayern-Torhüter Oliver Kahn fordert live im Zelt die Wiesnbesucher zu Rekordleistungen auf („Nur gemeinsam können wir es schaffen, vor allem brauchen wir Männer mit Eiern“). Der Innenstadt Geschäftsmann zur Rechten von Frau Weishäupl schreit: „Endlich eine angemessene Feier, mit dem alten Schmarrn von früher wären wir in die zweite Liga der global events abgestiegen, des sog i eahna“.

Polizistinnen der Wiesnwache, keine größer als 1,50 Meter, wie es in München der Brauch ist, führen vor, wie sie Randalierer charmant aber effektvoll flachlegen werden. „Weltniveau und gleichzeitig münchnerisch“, schreit der Wiesnstadtrat von der CSU. Plötzlich ein kleiner Zwischenfall, den aber nicht alle mitkriegen. Ein ehemaliger Ministerpräsident wird am Betreten der Showbühne gehindert. Er ruft noch so Worte wie „Charles de Gaulle, Flughafen, äh Transrapid zur Wiesn, äh, Gaudimachen äh, äh, ist unsere Kernkompetenz“, als man ihn behutsam wegführt. Mit einem ungeplanten Auftritt eines ehemaligen CSU-Chefs und gebürtigen Niederbayern ist nicht zu rechnen. Er eröffnet gerade feierlich eine Geisterbahn hundert Meter weiter, ein ehemaliger Kurzzeit-Ministerpräsident aus Franken ist einem Gerücht zufolge gar nicht erschienen, weil er sich mit seiner Gattin wegen des Dirndls nicht einigen konnte.

Dann als weiterer Höhepunkt im Zelt das Gelöbnis der Schankkellner. Thomas Gottschalk, in einer schneeweißen Kniebundlederhose mit weißblau gerautetem Hemd, stellt den Schankkellner vor, der für den feierlichen Anlass ausgewählt wurde. Der Mann trägt eine irgendwie unpassend große Sonnenbrille, spricht dann rasch die Eidesformel: „Mir versprechan guat einschenken zu wollen, soweit des bei der Hetz und dem Andrang überhaupt geht. Und das mir beim Nachschenk'n ein freundliches G'schau machan. Des aa." Ein stämmiger Mensch, dem Idiom nach aus Sachsen, verspricht für die Ordnungsdienste, jederzeit für Ordnung zu sorgen und selbst den Rauchern aufs Maul zu hauen.

Er ballt die Faust und grüßt seine Oma in Dresden, der Rest geht im Pfeifkonzert der Anwesenden unter. Schnell lässt Thomas Gottschalk, ein alter Live-Profi, zu einer Außenwette ins Hippodrom umschalten, wo drei fesche, aber oberweitenmäßig minderbemittelte Mädchen behaupten, sie könnten sich im Rahmen der Show „Germanys next Busenwunder" dank ihrer Dirndl blitzartig wahre Germknödel im Ausschnitt verschaffen. Die Einlösung der Wette wird für den Abend versprochen. Das männliche Publikum buht gewaltig und kann sich erst nach der Ankündung einer weiteren Runde Freibier beruhigen.

Dann menschelt es gewaltig. TV-Star Ottfried Fischer tritt auf und kündigt eine Jahrhundertversöhnung an. Peter Gauweiler und Richard Süßmeier, der eine vor vielen Jahren am Beginn seiner politischen Karriere ein strenger Wiesn-Aufseher, der andere ein legendärer Wiesnwirt, den Gauweiler vom Oktoberfest vertrieben hatte. Die beiden reichen sich angewidert die Hände, Ottfried Fischer drängt sie zu einer Umarmung. Er schafft es unter Einsatz seiner Leibesfülle, die Herren haben Tränen in den Augen, ob aus Rührung oder weil sie keine Luft mehr bekommen, ist nicht deutlich zu erkennen. „I hob immer g'sogt, der Ude langt scho lang nimma als oanziger Prominenter beim Anstich", schreit der Wiesnstadtrat von der CSU Frau Weishäupl ins Ohr.

Farbkartons in die Höhe

Nun werden die Besucher im Schottenhamel aufgefordert, die ausgelegten Farbkartons in die Höhe zu halten, ein junger Intendant mit Oberammergau-Erfahrung gibt die Kommandos. Es bildet sich der Schriftzug „Oans, zwoa, gsuffa". Der Innenstadt-Geschäftsmann stöhnt vor Freude: „Wunderbar, ein schönes Bild, das geht in die ganze Welt. Unbezahlbar". Danach singen alle, angeheizt von einer Gruppe aus einem Tokio-Hotel den internationalen Wiesn-Hit „Who the fuck is Alice", dirigiert von einem als Märchenkönig Ludwig II. gewandeten ehemaligen Tennisspieler. „Diese Reminitenz an den Begründer des Fests musste sein", plärrt Waldi H., ein geschichtsbewusster Mann, ins Mikrophon.

Genau zwischen die Hörner

Schließlich ein weiterer Höhepunkt der Eröffnungsshow. Governor Arnold Schwarzenegger himself reitet auf dem Ochsen herein, der anschließend als erster auf den Spieß kommt. „Wie Olympia und WM zusammen", ruft der Innenstadt-Geschäftsmann neben Frau Weishäupl entzückt. Dann ein Aufschrei: Der ehemalige Äktschn-Star schlägt den Ochsen mit der blanken Faust zwischen die Hörner. Das riesige Tier wankt und knallt dann auf die Bretter, begibt sich ins Reich der Träume. „Unglaublich", stöhnt die Reporterin von München-TV ergriffen in die momentane Stille, „jetzt muss das Tier nicht sehenden Auges seiner Bestimmung zugeführt werden. Danke Arnie, danke." Das Publikum erhebt sich, so gut es noch kann, zu einer standing ovation. Der Wiesnstadtrat schreit: „Endlich ist die Zeremonie ausgereift, endlich! 200 Jahre haben wir darauf gewartet". Da nickt auch der Wiesnstadtrat von der SPD.

In diesem Augenblick wacht Gabriele Weishäupl auf. Schweißgebadet liegt die Fremdenverkehrschefin in ihrem Bett. Das Telefon am Nachttisch klingelt. Der Oberbürgermeister ist dran: „Ude hier. Liebe Frau Weishäupl, entschuldigen Sie die frühe Störung. Ich hab da so eine Idee für den nächsten Wiesnanstich. Vielleicht verträgt die Veranstaltung ja eine winzige Änderung ..." *fi*

Kolossalmädchen und Kopf-ab-Künstler

Einst waren auf dem Oktoberfest fremde Völker und Abnormitäten zu bestaunen, einige Attraktionen haben sich bis heute gehalten.

Früher war alles besser. Der Satz gehört seit je zu den fundamentalen Erkenntnissen der Menschheit, und der Münchner, unbestritten der kulturell höchstentwickelte Typus des Homo sapiens, hat auf diesem Fundament eine spezifische Lebensphilosophie konstruiert, in der die Gegenwart ausschließlich als Verfallserscheinung einer grundsätzlich besseren Vergangenheit vorkommt. Zentraler Begriff dieser Haltung ist „die guade oide Zeit", die münchnerische Variante des „Goldenen Zeitalters" der alten Griechen. In deren Glanz verblasst die Gegenwart, ja, sie wird als einziges Ärgernis empfunden, das der Münchner auf eine ebenfalls bündige Formel zu bringen weiß: „Friara hat's des ned gebn." Sehr viel mehr hat der Münchner in puncto Weltanschauung nicht zu sagen, ausgenommen vielleicht die aus all dem folgende Aufforderung: „Schwoa mas obe!"

Was die Wiesn betrifft, gehört der nostalgisch getönte Skeptizismus zur geistigen Grundausstattung eines jeden Oktoberfestbesuchs. Früher, so glaubt der hiesige Eingeborene, war das Oktoberfest schöner, gemütlicher und überhaupt menschlicher. Man darf mit guten Gründen vermuten, dass sich die Besucher der ersten Wiesn im Jahr 1810 innerlich voller Abscheu amüsierten, weil sie die Sache nur als matten Abklatsch der rauschenden Feste des Kurfürsten Max Emanuel betrachteten. Zu Zeiten des „Blauen Kurfürsten" wiederum sehnte man sich nach dem Stadtgründer Heinrich dem Löwen zurück, unter dessen Herrschaft München noch Glanz versprüht habe, während es danach nur mehr bergab gegangen sei. Und wer sich heute als echter Münchner versteht, säuft sich auf dem Oktoberfest vor lauter Wehmut erstmal einen Rausch an, um beim anschließenden Bummel nur solche Schausteller zu beehren, die seinem Gefühl nach schon immer da waren. Also sucht er den Flohzirkus, Josef Esterls Russenrad, den Schichtl, das Teufelsrad oder Pitt's Todeswand auf, geht aber keinesfalls rein, denn er kennt dies alles aus seiner Jugend. Da wäre es ja direkt schad' ums Geld. Sollte er aber ausnahmsweise verschwenderisch gestimmt sein, genehmigt er sich eine Fahrt mit der Krinoline – ein kleiner Beitrag zur Traditionsförderung muss schon drin sein.

Die Ruhe der Krinoline

Die Krinoline: Zwischen all den Turbo-Apparaten, die Starflyer heißen, Cyberspace oder Höllenblitz, wirkt sie wie ein Ding von einem anderen Stern. Auf diesem Stern ginge es so gemütlich zu wie im bayerisch-barocken Himmel des Brandner Kasper, und alles, was schneller wäre als der Trott eines Biergauls, würde als unzumutbar verbannt. Die Krinoline ist ein Monument der Bierruhe. Man sitzt im Halbrund auf Bänken und dreht sich sachte im

GERMANYS NEXT TOPMODEL

Kreis, die Plattform unter einem vollführt maßvolle Schwankungen, die ein sanftes Bauchkitzeln erzeugen, so als befände man sich bei mäßigem Seegang in einem Ruderboot. Dazu spielt eine Blasmusik alte Weisen, fünf grauhaarige Herren, deren Hits „Bummelpetrus“ oder „Die Rose vom Wörthersee“ heißen.

Seit 1924 dreht sich die Krinoline auf der Wiesn, sie ist eines der ältesten noch existierenden Fahrgeschäfte des Oktoberfests. Der Schausteller Michael Großmann hat sie seinerzeit eingeführt, ähnliche Karussels gab es aber schon früher. Gebaut von einer – gewiss ein dunkler Fleck – Berliner Firma, musste die Krinoline anfangs von drei bis vier Mann mit Muskelkraft bewegt werden. Auf Dauer kamen diese Männer dem Schausteller zu teuer, weshalb Großmann 1938 einen selbst erfundenen elektromechanischen Antrieb einbaute. Den Arbeitsplatzabbau kompensierte der Unternehmer insofern, als er im selben Jahr eine fünf Mann starke Blechmusik engagierte. Es waren allerdings nicht dieselben Herren, die ehedem als menschlicher Antriebsmotor wirkten.

Ein Platz im Unterrock

Von der noch gepflegten Behäbigkeit der Krinoline soll man sich allerdings nicht täuschen lassen. Zwar geht sie nicht schneller als fünfzehn Stundenkilometer, die Kühnheit, das geradezu Frivole ihres Wesens liegt woanders. Die Krinoline ist ein Reifrock, den vornehme Damen im 18. und 19. Jahrhundert unter der großen Garderobe trugen. Wer also Krinoline fährt, sitzt praktisch im Unterrock einer schönen Frau und lässt sich von ihr im Tanzschritt wiegen. Allem Anschein zum Trotz gehört die Krinoline damit zu den erotisch am stärksten aufgeladenen Fahrgeschäften der Wiesn. Nur merkt das kaum jemand, und am allerwenigsten hat dies die Sittenpolizei bemerkt. Hinsichtlich ihrer moralisch höchst fragwürdigen Natur steht die Krinoline in einer Reihe mit dem Toboggan, einer Turmrutschbahn, deren letztes Exemplar seit 1933 das Oktoberfest ziert. Was es mit dem Toboggan – das Wort aus der Sprache der kanadischen Algonkin-Indianer bezeichnet einen Schneeschlitten – tatsächlich auf sich hat, enthüllt Ödön von Horváth in seinem Wiesn-Drama „Kasimir und Karoline“: „Wenn die dabei zuschauenden Herren Glück haben, dann können sie den herunterrutschenden Damen unter die Röcke sehen.“ Dies zur Unschuld alter Zeiten.

Schon in den frühen Jahren brachte das Oktoberfest Formen der Belustigung hervor, die weit über das gemütliche Sitzen in Bretterbuden bei Bier und Radi hinausgingen. Die Ersten, die sich um das Amüsement der Gäste kümmerten, waren die Wirte. Wie einem Bericht des zeitgenössischen Stadtchronisten Ulrich von Destouches zu entnehmen ist, boten die Wiesn-Gastronomen 1820 der „Jugend, auf eigene Kosten, ein Sacklaufen, Hosenrennen und Baumsteigen“. Wer über das Sacklauf-Alter hinaus war, hatte in diesen Jahren Gelegenheit, in Tanzsälen amouröse Abenteuer einzuleiten, sofern die Eltern der Angebeteten nicht ebenfalls zugegen waren. Auch Kegelbahnen gab es, wo allerdings so verbissen um den Sieg gefochten wurde, dass Schlägereien unter besoffenen Kegelbrüdern unvermeidlich waren. 1867 verbannte der Magistrat die Kegelbahnen von der Wiesn.

Wenig später nahmen sich professionelle Schausteller der Volksbelustigung an. Schließlich war es mit Hosenrennen und Baumsteigen auf Dauer nicht getan, das Publikum verlangte mehr. Völkerschauen, zum Beispiel. Die musste man gesehen haben, etwa die Truppe, die zur Wiesn 1876 angekündigt wurde: „Die Lappländer Polarmenschen, bestehend aus 2 männlichen und 2 weiblichen, produzieren sich hier während des Oktoberfestes auf der Theresienwiese, und zwar mit ihren 4 Rentieren, Eishunden (Bärenfänger), Hütten, Fahrzeugen und vielen Originalgerätschaften in dem eigens zu diesem Zwecke elegant hergerichteten Theater." Das war noch ein bescheidenes Aufgebot im Vergleich zu dem, was später der „Großschauunternehmer" (so steht es auf seinem Grabstein am Ostfriedhof) Carl Gabriel (1857–1931) zusammentrommelte.

Gabriel, Sohn eines schlesischen Schaustellerehepaars, ist ein Virtuose des Amüsements. Er weiß, was die Leute sehen wollen. Beim Oktoberfest 1930 wartet er wieder einmal mit einer ganz besonders exotischen Attraktion auf. Auf dem Werbeplakat ist eine schwarze Frau mit riesigen Lippenpflöcken zu sehen, dazu Palmen und ein vielversprechender Text: „Völkerschau der aussterbenden Lippen-Negerinnen vom Stamme der Sara-Kaba, Central-Afrika." Völkerschauen sind Gabriels Spezialität. Auf der Wiesn hat er schon ein „Beduinen-Lager" (1901), die „Karawane Wild-Afrika" (1906), ein „Sudanesendorf" (1909), die „Völkerschau Indien" (1925) und dergleichen mehr gezeigt. Bis zu 200 Frauen und Männer aus fernen Ländern sind in einer Art Menschenzoo auf der Theresienwiese ausgestellt, man hat Eingeborenendörfer und exotische Fassaden errichtet, es gibt Bazare und Handwerksstätten, Pferde treiben sich auf dem bis zu 6 000 Quadratmeter großen Areal herum, auch Kamele, Esel oder Schlangen.

Gabriel mietet die Völkerschauen bei auswärtigen Unternehmern, unter anderem bei Hagenbeck in Hamburg. Schon im ausgehenden 19. Jahrhundert waren derlei Spektakel äußerst beliebt, und kaum einer scherte sich darum, was es mit den ausgestellten fremden Wesen auf sich hatte. Man trank sein Bier und ging dann Neger schauen. Welche Sinne dabei vor allem angesprochen wurden, steht in einem Filser-Brief Ludwig Thomas. „Näben disser Mänascheri ist ein Zält mit wielde Fölgerschaften, die auch nichd fiel anhaben aber doch ieber die Haubtsache durch die bohlizei mit greßerne hantiecher geschiezt sind und ich mus es dir schreim, das disse Mäntschen nichtd fiel wüschter sind als wie kadollische Kristen sontern die Weisbielder sind schehner als wie die meunige und als wie die Deunige, hobwohl ich disses ja nichd weis sontern plos errahde, haber disse schwartzen Weisbielder sind gut geschtellt mein liber Spezi indem sie schtarke Härzen hahben wie die Krahmer Zentzl und iere hinterkwatire sind mir noch liber und sind ehnlich als wie der bfahrerkechin der ierige und mechte mahn sie gärne schtreicheln, haber disse Gegenschtende dierfen nichd beriert werden, mein liber Schpezi und must die Brazen weglahsen. Bloß anschauhgen derf man sie."

Die Tragödie der Feuerländer

Die Idee, halbnackte Eingeborene als Jahrmarktsattraktion zu präsentieren, ist eine Ausgeburt des Kolonialismus. Manche dieser Menschen sind gewaltsam entführt worden, andere hat man mit falschen Versprechungen nach Europa gelockt. Für nicht wenige endet die Tournee tödlich. 1878 etwa kommt eine Gruppe aus Feuerland nach München, deren Mitglieder bald erkranken. Von elf Feuerländern überleben nur drei. Gabriel hatte mit der Tragödie allerdings nichts zu tun.

Im Verlauf des 20. Jahrhunderts verschwanden die Menschenzoos allmählich – weniger aus humanitären Gründen, sondern weil der Film die einschlägige Neugier bediente oder weil man gegebenenfalls selbst die Reise in exotische Gefilde antrat. Überhaupt ist vieles verschwunden, was einst die Massen entzückte: der „Amerikanische Vélocipède-Circus" von 1873, bei dem Männer

ZIRKUSFLOHS TRAUM

BISSCHEN FLOTTER, MANN!
Einmalig!!
Originell

in die Pedale traten und Frauen mitfahren durften; „Weinreich's Original-Taucher- & Schwimmer-Truppe“ von 1880; die „gelehrte Hunde-Familie“ aus demselben Jahr; das „Kinematographen-Palais“ von 1910; oder die Abnormitätenschau mit „Josefa – Rosa und Franzl Blažek. Die zusammengewachsenen Zwillinge mit ihrem Kind“, 1912. Auch Carl Gabriel ist im Abnormitätengeschäft gut eingeführt. 1926 präsentiert er das „7. neueste Weltwunder“. Man kann darauf wetten, dass dieses Wunder Staunen und Gelächter hervorruft. Die „drei dicksten und schwersten Kolossalmädchen der Gegenwart“ sind zu sehen, nämlich Elsa (380 Pfund), Elvira (420 Pfund) und Bertha (450 Pfund). Einer anderen Riesendame hat Joachim Ringelnatz 1928 ein Gedicht gewidmet:

Die Zeltwand spaltete sich weit,
Und eine ungeheure Glocke wuchtete
Herein. ‚Emmy, das größte Wunder unsrer Zeit!‘
Dort, wo der Hängerock am Halse buchtete,
Dort bot sich triefenden Quartanerlüsten
Die Lavamasse von alpinen Brüsten,
die majestätisch auseinanderfloß.
‚Emmy, der weiblich Koloß.‘
Hilflose Vorderschinken hingen
Herunter, die in Würstchen übergingen.
Und als sie langsam wendete: – Oho! –
Da zeigte sich der Vollbegriff Popo
In schweren erzgegoßnen Massen.
‚Nicht anfassen!‘

Auch wenn diese Anfangszeilen anderes nahelegen: Es ist ein einfühlsames Gedicht. Ringelnatz schildert Emmy als bedauernswerte Kreatur, die er „tief betrauert“, wenngleich – auch das muss man sagen – er sich über ihre Fresslust lustig macht. Für den gutsituierten Münchner Bürger, der stolz seinen Bierbauch vor sich hertrug, waren derlei Monstrositäten eine Riesengaudi. Es war halt die „guade oide Zeit“.

Eine der alten Attraktionen hat sich bis heute gehalten, obwohl hier Dinge passieren, die man lieber nicht erleben möchte, schon gar nicht als Hauptdarsteller. „Auf geht's beim Schichtl“, steht über dem Eingang der Schaustellerbude, auf der Außenbühne tanzt die dicke Biggi, „ein genetischer Glücksfall“, der leichenblasse Henker Ringo blickt finster in die Runde, und der Recommandeur, Manfred Schauer heißt er, kündigt an: „An Schädl hau ma euch runter, egal ob Mensch oder Preiß.“ Schauer kennt seine Pappenheimer. Auf Lokalpatrioten wirkt die Verheißung, den Kopf eines Preißn rollen zu sehen, geradezu unwiderstehlich. Da muss er dabei sein.

In der Handwerkskunst des Guillotinierens verfügt der Schichtl über ein Knowhow, das in München einzigartig ist. Erstmals taucht die Künstlerfamilie Schichtl, eine bis ins 17. Jahrhundert nachweisbare Schaustellerdynastie, im Jahr 1869 auf der Wiesn auf. Es ist ein Zaubertheater, das die Gebrüder Schichtl dort errichten, eine Illusionsbühne, auf der anfangs vor allem Franz Schichtl brilliert, der beim Regensburger „Salonmagier und Physiker“ Anton Gaßner eine Zauberlehre absolviert hatte. Aber auch dessen jüngerer Bruder, der gelernte Korbmacher Michael August Schichtl, beherrscht verblüffende Tricks und Kunststücke. Einem Programmzettel aus den 1870er Jahren ist zu entnehmen, dass die magischen Brüder neben Zauber-, Entfesselungs- und Kunstschützennummern allerlei Schauriges zu bieten haben: „Der fliegende Holländer oder Schichtl läßt eine Person von d. Bühne bis zur Gallerie fliegen“; „Schichtl enthauptet eine lebende Person mittelst Guillotine“; „Der lebende und sprechende Kopf eines Enthaupteten“. Abgerundet wird das Programm mit einer „Grossen Geister-Pantomime, betitelt: Der eiserne Ritter oder: Die Macht der heil. Vehme“. Um 1879 trennt sich Michael August Schichtl von der Familientruppe, er gründet mit einem Anfangskapital von 58 Pfennigen ein Kasperltheater, und bald ist auch er Direktor eines durch die Lande vagabundierenden „weltberühmten Original-, Spezialitäten-, Künstler-, Zauber-, Geister- & Automaten-Theaters“. Vor jeder Vorstellung lockt er auf der Freilichtbühne vor seiner Bude die Wiesnbesucher mit derben Sprüchen an, er, den sie „Papa Schichtl“ nennen, ein Volksheld mit clownesk geschminktem Gesicht, rotem Haar, Frack und Weste. Wenn er loslegt, sich lustig macht über Gott und die Welt, johlen die Leute vor Vergnügen. Von so einem lässt man sich auch gerne guillotinieren. Die Losung „Auf geht's beim Schichtl“ wird zum geflügelten Wort.

Nach dem Tod des Prinzipals im Jahr 1911 ersteigert sein ehemaliger Mitarbeiter Johann Eichelsdörfer die Schichtl-Bühne für 600 Mark. Dessen Frau Franziska lernt ebenfalls das ehrbare Handwerk des Köpfens, und als Eichelsdörfer 1954 stirbt, führt sie das Hinrichtungs-Spektakel allein weiter. Noch als alte Dame von 81 Jahren trennt sie Köpfe sauber vom Rumpf und setzt sie, meist zur Erleichterung der Enthaupteten, fachmännisch wieder auf. 1985 übernimmt Manfred Schauer, ein nachgeborener Geistesverwandter des alten Schichtl, den Laden. Und sollte jemand fragen, warum die Münchner bis heute höchst erfreut sind, wenn einer den Kopf verliert, dann gibt es zunächst eine nahe liegende Antwort: Der Münchner hat, ähnlich dem Wiener, eine gewisse Vorliebe für den Tod – vorausgesetzt, es trifft andere. Ja, so liest man es gelegentlich, aber das ist falsch. Wenn auf der Wiesn das Fallbeil auf den Hals eines Freiwilligen hinabsaust, ist das Hallo vor allem deshalb groß, weil jeder das Spiel durchschaut. Man weiß, dass der Tod, selbst wenn der Kopf rollt, am Ende ausgetrickst wird. Der Delinquent zieht unversehrt von dannen. Ätsch, Gevatter! Das Leben triumphiert.

Preiswert

An den Dienstagen ist Familientag und zwar von 12 bis 18 Uhr. In dieser Zeit bieten die Fahrgeschäfte ermäßigten Eintritt und Imbisse bieten kleine Preise. Vor allem Familien mit Kindern nutzen das Angebot von verbilligter Zuckerwatte und ermäßigten Runden auf dem Kettenkarussell. In den Bierzelten gibt es Montag bis Freitag von 10 bis 15 Uhr die so genannte Mittagswiesn. Da werden die Gerichte etwas billiger angeboten als am Abend. Wer darauf achtet: Die Preise fürs Bier sind seit Jahren unterschiedlich. Die Maß kostet 2009 von 8,10 Euro bis 8,60 Euro.

Manchmal aber triumphiert der Tod dann doch, und wenn es ganz dumm läuft, schlägt er kurz vor der Wiesn zu. Im September 2005 war das so: Zwei Tage vor Festbeginn stand der Zirkusdirektor Peter Mathes plötzlich ohne Artisten da. Über Nacht waren ihm alle weggestorben, 50 hochspezialisierte Künstler. Sie lagen da, die Beine nach oben, niemand konnte erklären, wie es zur Tragödie gekommen war. Mathes ist nicht irgendein Zirkusdirektor, weiß Gott nicht: Er leitet, wie schon sein Vater, den Flohzirkus auf dem Oktoberfest. Für das Oberhaupt einer Flohzirkusdirektorendynastie ist es natürlich eine Katastrophe, wenn kurz vor dem wichtigsten Ereignis des Jahres das gesamte Personal dahingerafft wird. Aber Mathes wusste sich zu helfen: Er ließ im Rundfunk einen Notruf verlesen, gerichtet an Münchens Hundebesitzer. Sie sollten doch bitteschön so freundlich sein, das Fell ihrer Lieblinge zu durchkämmen, möglicherweise kämen da talentierte Flöhe zum Vorschein. Und tatsächlich: Weit mehr als hundert Flöhe, begabte und unbegabte, erschienen zum Casting. Die Flohzirkussaison 2005 war gerettet.

Es wäre auch ein Jammer gewesen, wäre das Familienunternehmen infolge Flohmangels vor die Hunde gegangen. Der Flohzirkus ist inmitten gigantischer Hightechanlagen und brodelnder Bierzelte ein Ort der inneren Einkehr, wo der Mensch erfährt, dass auch kleine Wesen große Dinge vollbringen. Flöhe ziehen dort winzige Kutschen, das Zaumzeug ist ein hauchdünner Kupferdraht, der wie eine Schlinge um ihren Hals liegt. Und sie haben Namen: Rosl aus Rosenheim oder Traudl aus Traunstein. Gemeinsam tanzen sie einen Pas de deux. Da ist Basti Flohsteiger, der Fußball-Floh, der aus 10 Zentimetern einen Ball aus Holundermark ins Tor versenkt. Oder August der Starke, der ein 35 Gramm schweres Gewicht zieht. Wollte ein Mensch dasselbe leisten, müsste er einen ganzen Güterzug über die Schienen bewegen. Womöglich sind Flöhe die stärksten Geschöpfe überhaupt, weshalb sensible Flohzirkusbesucher kaum zu schnaufen wagen, aus Angst, einen der großartigen Artisten zu inhalieren.

Flohdompteur – ist das nicht ein weithin unterschätzter Beruf? Dagegen verblasst selbst der Job des Löwenbändigers. Schließlich ist es leicht durchschaubar, wie dieser arbeitet. Er verspricht der Raubkatze einen Brocken Fleisch und schon springt sie durch den brennenden Ring. Ein Kinderspiel. Aber was bewegt einen Floh, Wagenrennen gegen seine Artgenossen zu veranstalten und Fußbälle ins Tor zu schießen? Stellt man ihm ein Stamperl Blut in Aussicht? Oder einen Sonderurlaub im Fell eines Straßenköters. Der Flohzirkusdirektor hüllt sich in Schweigen: „Betriebsgeheimnis.“ Man erfährt lediglich, dass die Flohartisten allesamt weiblich sind, männlichen Flöhen fehlt die künstlerische Ader, sie sind einfach nur Ungeziefer. Vielleicht lieben es die Flohdamen ja, mit Kupferketten geschmückt vor Publikum zu posieren. Oder ist es doch die Belohnung, die sie gefügig macht? Dreimal am Tag saugen sie, Vampiren gleich, am Arm ihres Dompteurs. Dagegen kommt es nur in Ausnahmefällen vor, dass ein Löwenbändiger seine Schützlinge mit seinem eigenen Blut ernährt. *wg*

AS SOON AS WE GET BACK, WE REALLY HAVE TO VISIT THE MUNICH BEER-FESTIVAL, DARLING!
TITANIC

Seine Majestät, der Wirt

Wiesn-Gastronomen gelten in München wahlweise als Helden oder Schurken. Sicher ist, sie reiben sich auf im Dienst der Gastfreundschaft. Und am Ende reiben sie sich die Hände.

In der Rangliste der wichtigsten Persönlichkeiten Münchens stehen die Wiesnwirte auf einer Stufe mit dem Oberbürgermeister, dem Erzbischof, dem Generalmusikdirektor und dem Cocktail-Zampano Charles Schumann. Noch bedeutsamer ist allein der Fußballkaiser Franz, aber der schwebt ohnehin über allen Sterblichen. Trotzdem treten immer wieder Neider auf den Plan, die einfach nicht begreifen wollen, dass die jährliche Bierpreiserhöhung die Folge eines unerbittlich waltenden Naturgesetzes ist und somit keineswegs, wie es oft heißt, der Raffgier der Wirte entspringt. Vor einigen Jahren hat sogar die Münchner Fremdenverkehrsdirektorin Gabriele Weishäupl, an sich eine vernünftige Frau, die Tag und Nacht Dirndl trägt, den Wiesnwirten „Nepp“ und „unverschämtes Preisgebaren“ zur Last gelegt, obwohl gerade in puncto Tourismus die zivilisatorische Leistung der Wirte über jeden Zweifel erhaben ist.

Früher, in den finsteren Zeiten vor der Gründung des Oktoberfests, liefen München-Reisende Gefahr, noch vor der Ankunft gewaltbereiten Raubrittern und Wegelagerern in die Hände zu fallen, die die gesamte Barschaft des Fremden in Empfang nahmen. Heutzutage übernimmt der Wiesnwirt die Betreuung auswärtiger Gäste, was zwar zum selben Ergebnis führt, aber moralisch in einem ganz anderen Licht erscheint. Für lumpige 8,50 Euro die Maß (wie gesagt, der Betrag wächst jedes Jahr von selbst) bringen die Wiesnbarone immerhin Klangkörper zu Gehör, nach denen man in der Philharmonie vergeblich sucht. Wer auch nur einmal vernommen hat, wie etwa die „Plattlinger Isarspatzen“ im Hofbräu-Zelt das „Oans, zwoa, drei gsuffa!“ interpretieren, ist für die vergleichsweise unbeholfenen Darbietungen des bayerischen Staatsorchesters nicht mehr zu begeistern. Hinzu kommt die zwanglose Atmosphäre in allen Festzelten, wo man darauf vertrauen kann, früher oder später eines nackten Australier-Hinterns ansichtig zu werden, von anderen Freizügigkeiten ganz zu schweigen. Das alles ist praktisch gratis, auch die Bierdusche vom Nachbartisch, die anschließende Rauferei sowie die Spezialabfertigung durch die Saalordner.

Bis zum letzten Hemd

Stellt man dies alles in Rechnung, dann lässt sich nicht leugnen, dass die Wiesnwirte ihr letztes Hemd opfern, um ihren Gästen einen unvergesslichen Tag zu bieten. Allein der zweimonatige Aufbau eines der vierzehn großen Festzelte verschlingt locker eine Million Euro und mehr, von Personalkosten, Aufwendungen für die Sicherheit, Stand- und Gema-Gebühren gar nicht zu reden. Dazu der leidige Bürokram: Reservierungen, Rechnungen, Bestellungen, Arbeitsverträge und so weiter – ein Papierkrieg ohne Ende. „Es ist eine Schufterei", sagt Christian Schottenhamel. „Man streitet sich, man ärgert sich, und trotzdem: Wiesnwirt zu sein, ist wie eine Sucht, wie eine Droge."

Christian Schottenhamel ist aus dynastischen Gründen fast nichts anderes übrig geblieben, als dieser Sucht anheim zu fallen. Die Schottenhamels sind seit 1867 auf dem Oktoberfest präsent, da kann keine andere Wirtsfamilie auch nur annähernd mithalten. Der Begründer dieser Dynastie ist Michael Schottenhamel, geboren 1838 in Nittenau in der Oberpfalz. Eigentlich hat er ja das Schreinerhandwerk erlernt, aber so recht schmeckte ihm dieser Beruf offenbar nicht. Spätestens nach seiner Hochzeit mit der Münchner Köchin Rosalie Daller war der Boden für eine gastronomische Karriere bereitet. 1867 erteilte ihm der Magistrat die „Braugerechtsame" für das Haus Luitpoldstraße 13, wo er die Wirtschaft „Zu den Drei Mohren" eröffnete. Noch im selben Jahr errichtete er auf dem Oktoberfest, gleich hinter dem Königszelt unterhalb der Bavaria, eine Bretterbude, in der 50 Gäste Platz fanden. Man saß dort auf in den Boden gerammten Holzpfosten, die Bierkrüge wurden in einem eigens dafür ausgehobenen Brunnen gewaschen.

Unsterblichen Ruhm erlangte Michael Schottenhamel aber erst später. Das war im Jahr 1872, als die Sonne den Sommer über herunterbrannte wie in der Wüste und die Münchner einen derartigen Durst entwickelten, dass das leichtere und dunklere Sommerbier, welches man für die Wiesn reserviert hatte, vor der Zeit weggetrunken war. In dieser Notlage kredenzte Schottenhamel den Wiesngästen erstmals das etwas stärker eingebraute, helle „Märzenbier" – ursprünglich der Begriff für das meist im März eingesottene Bier –, das die Franziskaner-Leistbrauerei auf den Markt gebracht hatte. Das war zwar teurer, aber dafür wurde man schneller betrunken – ein Vorteil, den bald alle einsahen, weshalb das Märzenbier zum klassischen Erfrischungsgetränk des Oktoberfests avancierte.

Schottenhamels zweite große Pioniertat war die Abkehr von den seinerzeit gängigen Bretterbuden. 1886 wartete er als Erster mit einem Leinwandzelt auf. Auch die Art, in der er das Zeitliche segnete, war für einen Wirt vorbildlich. Michael Schottenhamel starb am 10. Oktober 1912 beim Schafkopfen just in dem Moment, als er ein Herz-Solo spielen wollte. Wie es sich für den Bieradel gehört, übernahmen die Nachkommen den Festzeltbetrieb. In jüngerer Zeit ist die Erbfolge etwas unübersichtlich geworden, so dass Christian Schottenhamel gemeinsam mit seinem Vetter Peter über das Zelt herrscht.

Wie die Feldherren

Am Tag des Anstichs kommt die Doppelspitze noch einmal richtig ins Rotieren. Ehe es losgeht, treten Christian und Peter Schottenhamel Feldherren gleich vor zwei Hundertschaften Männer und Frauen, um sie auf das Kommende einzuschwören, als ginge es in die Schlacht. Ohne ein Geleitwort der Chefs sollen die gut 200 Bedienungen nicht in den Bierkampf ziehen. Zuvor hat man noch eine Kerze gestiftet, im Gedenken an die Vorfahren, für eine friedliche Wiesn, und überhaupt um die höheren Mächte gnädig zu stimmen. Sicher ist sicher. Würde jetzt etwas schief laufen, wäre die Blamage universell, denn am Eröffnungstag blickt die halbe Welt per Fernseher in Schottenhamels Festhalle.

Christian Ude tritt auf, seit Menschengedenken oder zumindest seit 1993, Münchens Oberbürgermeister und Halter des inoffiziellen Anzapfrekords. Auch der bayerische Ministerpräsident wohnt dem gefühlten Staatsakt bei, und sofern der Regierungschef den Reihen der CSU entstammt – was ebenso

DEMO DER WIESNWIRTE

Durch die Welt-
finanzkrise sehr
schwer getroffene
Wiesenwirte bitten
um großzügige
staatliche Hilfe!
WAS TUAT
MA NET
OIS...
Leer
HackerPschorr
Festzelt
Winzerer
Fähndl
Schützen
Zelt
Bräu-Rosl
Bettelstab

Naturgesetz ist wie das Steigen des Bierpreises –, dürfte sich dieser im Schottenhamel-Zelt besonders wohl fühlen. Hier hält sich die Jeunesse dorée der CSU zur Wiesnzeit besonders gern auf, die Burschen in Designer-Lederhosen, die jungen Damen im Nahkampfdirndl aus der Edelboutique. Wenn dann endlich das Bier aus dem Fass schäumt, wenn der Oberbürgermeister triumphierend sein „Ozapft is" ruft, wenn Böllerschüsse durch die Stadt hallen und die Blaskapelle Otto Schwarzfischer den bayerischen Defiliermarsch exekutiert, dann, sagt Peter Schottenhamel, „fällt mir ein riesen Stein herunter". Dann sind 80 Prozent der Arbeit getan, was jetzt noch folgt, ist der ganz normale Wahnsinn, der Oktoberfest heißt und 16 Tage dauert.

Der Wiesnwirt als solcher gehört in München zur gastronomischen Hocharistokratie, die ihren Ruhm weniger der Kochkunst à la française verdankt als dem Talent, sechs- bis siebentausend zusammengepferchten Gästen, eingenebelt in Bier- und Tabaksdunst sowie mit dröhnender Frohsinnsmusik beschallt, das Gefühl zu geben, sie seien auf dem Gipfel der Gemütlichkeit. Der Wiesnwirt ist eine Respektsperson, und wenn er sich eine goldene Nase verdient – und das tut er, seinen Klagen zum Trotz, zweifelsohne –, dann schwingt in der allfälligen Missgunst auch so etwas wie Bewunderung mit, eine Hochachtung von der Art, die in dem Satz „A Hund is er scho" ihren bündigen Ausdruck findet. Selbst Fremdenverkehrsdirektorin Gabriele Weishäupl, die von Amts wegen als Festleiterin fungiert, lässt sich zu hochtönenden Formulierungen hinreißen, wenn sie über die Wiesnbarone spricht: „Es ist die Krönung einer Wirtskarriere in München, wenn man sich den Lorbeer des Wiesnwirts umhängen kann."

Und doch gibt es den begründeten Verdacht, dass die Auserwählten nicht allein des Lorbeers wegen zur Wiesn drängen. Ja, möglicherweise könnte ihnen das Ehrenkraut gleich ganz gestohlen bleiben, hätte es nicht einige erfreuliche Nebenwirkungen. Den Festwirten fliegen die Gäste nämlich ähnlich zu wie den Bewohnern des Schlaraffenlandes die gebratenen Tauben. Etwa sechs Millionen Menschen besuchen jährlich die Wiesn, weshalb ein freier Platz im Zelt während der Stoßzeiten etwa so selten ist wie eine korrekt eingeschenkte Maß Bier. Der Ansturm ist so gewaltig, dass viele Besucher statt des bayerisch-patriotisch gestalteten Zeltinneren nur das Schild „Wegen Überfüllung geschlossen" zu sehen bekommen – und dies, obwohl sich die Wirte in puncto Platzangebot nicht lumpen lassen. In Schottenhamels Bierkampf-Arena passen 6 000 Leute, zählt man die Freiluftplätze hinzu, sind es gar 10 000. Noch größer ist das Hacker-Zelt, wo knapp 7 000 Gäste am Kollektivrausch

Reservierungen

Platzreservierungen sind nur über die Reservierungsbüros der Festwirte möglich, Adressen sowie Telefon- und Faxnummern findet man im Internet unter „Oktoberfest" Stichwort „Festhallen".
In allen Bierzelten (ausgenommen Käfer und Weinzelt) muss von Montag bis Freitag ein Drittel des Mittelschiffs, an Samstagen, Sonn- und Feiertagen (3. Oktober) das ganze Mittelschiff von Reservierungen freigehalten werden. Wer zuerst kommt, mahlt zuerst. In den ruhigeren Zeiten hat der Besucher gute Chancen, auch ohne Reservierung einen Platz in einem Bierzelt zu finden. Wer für abends reserviert, muss frühzeitig buchen und eine Vorauszahlung leisten. Schwierig ist es in den Boxen, da diese von Firmen und Stammgästen jedes Jahr aufs Neue besetzt werden. Veranstalter bieten Oktoberfestpakete an (Übernachtungen, Sitzplätze im Zelt, Verzehrgutscheine), auch One-Night-Specials oder Midweek-Specials (von Sonntag bis Donnerstag) sind möglich. Mehr unter www.muenchen.de

teilnehmen können, allerdings ist der Biergarten mit 2 400 Plätzen vergleichsweise bescheiden. Insgesamt schenken die Wiesnwirte im Verlauf eines Oktoberfest rund sechs bis sieben Millionen Maß aus, die meisten davon werden getrunken, der Rest wird über dem Kopf des Nachbarn ausgeschüttet, teils als Sympathiebeweis, teils als Kriegserklärung und manchmal auch aus Versehen. Mehr als eine halbe Million Wiesn-Hendl verputzen die Gäste, gut hundert ganze Ochsen, 60 000 Schweinshaxen, 175 000 Schweinswürstel, von den Hekatomben an Enten, Spanferkeln oder Leberkäs gar nicht zu reden. Wenn der Wiesnwirt nach 16 Tagen Kassensturz macht, bleibt in der Regel so viel übrig, dass ein Absturz ins Hartz-IV-Prekariat für die kommenden Monate nicht zu befürchten ist.

140 Bewerbungen

Weitaus wahrscheinlicher wäre, dass so ein Wirt nach Abschluss der Wiesn erstmal zur Kur gehen müsste, um sein „Burn-out-Syndrom“ zu kurieren. Trotzdem bewerben sich jährlich rund 140 Gastronomen für das Oktoberfest, manche von ihnen seit Jahrzehnten. Zu ihrem Leidwesen räumt kaum ein Festwirt freiwillig das Feld, und wenn einer mal das Ruhestandsalter erreicht hat, wie etwa der Bräurosl-Patriarch Willy Heide, dann steht schon der Sohn parat. Wer es aber wider alle Wahrscheinlichkeit dennoch geschafft hat, darf sich keinen Fehler erlauben. Man hat schon etliche Wiesnbarone fallen sehen, mal wegen Steuerhinterziehung, mal wegen der Beschäftigung von Schwarzarbeitern, mal wegen diverser Verstöße gegen das strenge Reglement. Und einmal auch wegen Schusseligkeit: Der Wurstbrater Sieber, seit Menschengedenken eine Institution auf der Wiesn, hat es vor Jahren versäumt, sich rechtzeitig für das kommende Oktoberfest zu bewerben. Sei's drum, hat man dort womöglich gedacht, wir sind ja schon seit mehr als hundert Jahren dabei, da wird die Stadt wohl ein Auge zudrücken. Ja, von wegen! Sieber war für ein Jahr draußen, da half alles Pochen auf die Tradition nicht.

Das könnte auch einem Bierbaron passieren. Jedes Mal muss er sich neu bewerben, jedes Mal entscheidet die Stadt, ob er würdig sei, eine Festhalle zu leiten. Folgt man einem Bonmot des einst so gnadenlos von der Wiesn verstoßenen Wirts Richard Süßmeier, dann ist die Macht der Münchner Behörden nahezu überirdisch: „Da fühlt sich jeder als Erzengel Gabriel, der für die Zulassung und Vertreibung aus dem Paradies zuständig ist; und ein jeder Wirt ist ein armer Sünder, der hofft, dass er reinkommt.“ Von eben diesem Herrn Süßmeier stammt auch die einzig vertrauenswürdige Angabe über die Einnahmen seiner Zunft: „Was ein Wiesnwirt verdient? Eine links und eine rechts – sagt man.“

Übrigens muss der Bewerber auch der jeweiligen Brauerei genehm sein, denn die meisten Festzelte gehören den Bierproduzenten. Wunderbarerweise fällt die Gnadensonne fast immer auf die selben: die alten Wirtsdynastien der Schottenhamels und Heides sowie auf erfolgreiche Großgastronomen wie Ludwig Hagn (Löwenbräu-Festhalle), Peter Pongratz (Winzerer Fähndl) oder Sepp Krätz (Hippodrom), die weitläufige Biergärten und Gaststätten führen und mittels Hirschhornknöpfen und Jodlerjoppen im Karl-Moik-Stil eine virtuose Selbstinszenierung als altbairische Musterwirte betreiben.

Der legendäre Steyrer Hans

So respektabel die Statur der erlauchten Herren auch sein mag, an das Urbild des Münchner Wiesnwirts reichen sie nicht heran. Mehr als hundert Jahre ist es her, da gab es einen, der war alles, was ein Bierbaron sein muss: bodenständig, geschäftstüchtig, leutselig, schlitzohrig, ein wenig g'spinnert, aber gutmütig, dabei physiognomisch in die Breite tendierend und dermaßen kräftig, dass sein bloßes Auftauchen selbst der wüstesten Schlägerei ein Ende setzte. Hans Steyrer hieß er. Weil man aber in Bayern den Familiennamen lieber voransetzt, sagte jeder: Steyrer Hans. Der seinerzeit populäre Volkssänger Papa Welsch hat folgenden Vers auf ihn gedichtet: „Das Bayerland schaut mit Stolz auf den Mo, der mit oam Finger vier Zentner hebn ko." Tatsächlich war der Steyrer Hans ein Kraftmensch, der als „Bayerischer Herkules" nicht nur in München, sondern auch in Wien, Paris oder Amsterdam auftrat, ja sogar im preußischen Berlin. Mit dem Mittelfinger der rechten Hand lupfte er einen 385 Pfund schweren Stein, in dem ein Eisenring eingelassen war. Jedem, der ihm das nachmachte, bot er 1 000 Mark. Zahlen musste er nie. Es heißt, er habe in späteren Jahren sogar ein 528 Pfund schweres Trumm mit dem Finger gehoben, aber das ist nicht verbürgt. Selbst beim Schnupfen demonstrierte er Stärke: 43 Pfund wog seine Tabaksdose, wenn man den einschlägigen Berichten trauen darf.

Hans Steyrer, geboren am 24. Juni 1849 in Allach, verfügte neben herkulischen Kräften über genügend Grips, um erfolgversprechend zu heiraten. Seine Gattin Mathilde, eine Metzgerstochter, brachte so viel Geld in die Ehe, dass das Paar ein Wirtshaus in der Lindwurmstraße aufmachen konnte. Es hieß „Zum bayerischen Herkules" – wie sonst? Er eröffnete noch einige andere Lokale, etwa den „Tegernseer Garten" in Obergiesing, wo er mit Kraftakten seine Gäste beeindruckte. Da war es beinahe zwangsläufig, dass so ein Prachtexemplar von einem Wirt auch auf dem Oktoberfest zum Einsatz kam. 1879 pachtete er eine Festbude der Pschorr-Brauerei. Und er war schlau genug, sein Wiesndebüt mit einem Aufsehen erregenden Reklamegag zu zelebrieren: Am Eröffnungstag versah er seine Pferdewagen mit festlichem Dekor, setzte sich selbst nebst seiner Familie in einem Vierspänner in Pose und fuhr, gefolgt von sieben Zweispännern, zu den Klängen einer Blasmusik Richtung Theresienwiese. Der Festzug wurde im Tal von der Polizei gestoppt. „Störung der öffentlichen Ordnung und Sicherheit" warf man dem Steyrer Hans vor und stellte ihn vor Gericht. Er musste eine Geldstrafe berappen, was ihm allerdings nicht schwer fiel. Das Geschäft lief dank der Marketingaktion prächtig. Von der Wiesn warf man ihn nicht. Offenbar waren die Behörden damals großzügiger.

Ein Kulturereignis

Aber alles ließen sie dem Kraftmenschen dann doch nicht durchgehen: Als er in seiner Wiesnbude Hanteln, Steine und andere Requisiten seiner Muskelshow ausstellen wollte, um das Publikum anzulocken, wurde es dem Magistrat zu viel. Möglicherweise ließ auch die Konkurrenz ihre Muskeln spielen, jedenfalls hat man das Vorhaben untersagt. Doch Steyrer, listenreich, wie er nun mal war, verwandelte die Niederlage mit leichter Hand in einen Sieg. Er setzte Anzeigen in die Zeitung, in denen er das Verbot bedauerte und gleichzeitig darauf hinwies, dass die Leute ja an anderer Stelle das entgangene Erlebnis nachholen könnten: in seinem Gasthaus „Zum bayerischen Herkules" nämlich, wo die fabelhaften Gegenstände schließlich zu besichtigten waren. In seiner Oktoberfestbude schenkte er später „Kraftbier" aus, die Musik intonierte eine „Athletenkapelle". Hans Steyrer blieb Wiesnwirt bis zu seinem Tod am 25. August 1906.

Posthum gelang dem Bierheros auch noch ein nachhaltiger Sieg über die Polizei. Die Idee, mit Ross und Fass und Trara zur Theresienwiese zu ziehen, setzte sich in den dreißiger Jahren des

20. Jahrhunderts allmählich durch. Mittlerweile ist der pompöse Einzug der Festwirte am Eröffnungstag ein Kulturereignis ersten Ranges, in dessen Symbolik sich die überragende Bedeutung der Wiesnbarone für jedermann sichtbar spiegelt. Wie die Römer nach siegreicher Schlacht ziehen die Wirte auf Pferdegespannen durch die Straßen, bejubelt und gefeiert vom Volk, und auf ihren Wagen stapeln sich girlandengeschmückt die Bierfässer, als seien diese die Kriegsbeute, die sie den Barbaren entrissen haben. Echt sind nur die Pferde, die Fässer hingegen sind leer, nicht einen Tropfen Bier könnte man ihnen entnehmen. Und doch: Die Leute sind verzückt.

Warum die Münchner einem Haufen leerer Fässer enthusiasmiert Beifall zollen, ist auf den ersten Blick ein Rätsel. Man muss hinabtauchen zur Seele der Einheimischen, um der Sache auf den Grund zu kommen. Tief im Inneren sitzt das Urvertrauen des Münchners zu seinem Wirt. Diesem traut er alles zu. Ein Wiesnwirt, darüber gibt es verbürgte Berichte, ist in der Lage, aus einem 200-Liter-Fass 289 Maß Bier zu zapfen. Weshalb sollte es ihm dann nicht gelingen, aus einem leeren Fass die Krüge zu füllen? Schließlich lehrt auch die Erfahrung, dass das Bier auf dem Oktoberfest endlos sprudelt. Bösartige Gerüchte, es komme, außer im Augustinerzelt, durchweg aus Containern, ignoriert der Münchner souverän. Stattdessen huldigt er den auf den Bierwagen thronenden Herren des Rausches, so wie seine Vorfahren dem König huldigten.

Muss man mehr sagen über den Rang des Wiesnwirts? Für sechzehn Tage ist er das, was einst der Monarch war. Und dass der Bierpreis immer zu hoch ist, kann man ja wirklich nicht den Wirten anlasten. *wg*

Die Schaum-Wandlung

Eingeschenkt werden muss bis zum Eichstrich auf dem Glaskrug. Bei einer frischen Maß ist das selten der Fall, weil die Schaummenge noch groß ist. Die Wiesn-Wirte verweisen auf eine Expertise aus Weihenstephan, wo die Bierprofessoren sitzen. Die Frage lautete: Wie lange dauert es, bis Schaum zu Bier wird. Der Sachverständige urteilte so: Etwa 30 Sekunden vergehen, bis sich das Bier erstmals vom Schaum trennt. Erst nach Ablauf von drei Minuten kann man die Höhe des bleibenden Schaums zuverlässig bestimmten. Bei einem frisch gezapften Bier dauert dieser Zeitraum länger. Drei, vier Zentimeter Schaum ergeben dann einen Zentimeter Bier. Eine exakte Bestimmung der Biermenge ist also erst nach der vierten Minute möglich.

PS: Solange wartet aber kein durstiger Wiesn-Besucher. Der Streit ums richtige Einschenken scheint aber dauerhaft beendet zu sein. Für Entspannung auf der Wiesn ist inzwischen gesorgt.
An den Schänken steht angeschrieben: Schlecht eingeschenkte Maßkrüge können nachgefüllt werden!

Feuerkopf versus Dickkopf

Wie ein aufstrebender Politiker namens Peter Gauweiler dem Wirte-Napoleon Richard Süßmeier sein Waterloo bescherte.

Es war einmal ein Wiesn-Wirt. Ein tüchtiger Mann, einer der auftreten konnte, witzig und schlagfertig, beliebt in der Stadt, vor allem bei den Lokalredaktionen. Er war natürlich der Sprecher der Wirte. Und weil er klein von Wuchs und ein gewiefter Stratege war, beispielsweise im ewigen Ringen um den Bierpreis, nannten sie ihn bald den Wirte-Napoleon. Mit bürgerlichem Namen heißt er Richard Süßmeier. Am 30. September anno 1984 geschah ihm Unerhörtes. Da erlebte der sieg- und ruhmreiche Richard Bonaparte sein Waterloo. Alles war verloren. Er musste während des Festes, am 2. Wiesnsonntag, sein Zelt schließen und dann verkaufen. Danach war ein Wirtshaus in Wörnbrunn im Münchner Süden sein Elba, ein hartes Schicksal für einen Treibauf wie ihn.

Eigentlich hätte er sie kommen sehen müssen, die Katastrophe, seine persönliche Katastrophe. Warnschüsse hatte es genug gegeben. Die Einschläge waren immer näher gekommen. Aber der Süßmeier suchte keine Deckung, wich nicht zurück, reizte sogar den Gegner, machte sich eine Gaudi mit den Behörden, aufmüpfig gegenüber der Obrigkeit, wie es viele Bayern halt sind. Vielleicht hatte der Süßmeier die Warnungen deshalb nicht ernst genommen, weil es über das schlechte Einschenken ja immer Ärger gegeben hatte. Und Leute ohne Arbeitserlaubnis werkelten zuhauf auf der Theresienwiese. Vielleicht vertraute er einfach zu sehr seiner Popularität. Einen wie ihn, ein Original dieser Stadt, würden sie nicht anfassen, dachte er.

Sie trauten sich aber, genauer gesagt, er traute sich. Peter Gauweiler von der CSU, der jüngste Stadtrat Münchens, damals Kreisverwaltungsreferent, so etwas wie der städtische Innenminister. Einer, der es wissen wollte, ein scharfer Hund, wie es halb anerkennend und halb abschätzig in Bayern heißt. Einer, der sich wie sein Kontrahent mit Knall-Effekten auskannte, einer mit grimmigem Humor. Der schwarze Peter, notorischer Strauß-Verehrer, bekennender Law- and Order-Mann, den seine zahlreichen Gegner „Gauleiter“ schmähten. Süßmeier war schon populär, Feuerkopf Gauweiler sollte es nach diesem Zweikampf auf seine Art erst so richtig werden.

Das richtige Einschenken

Es war ein Duell der ganz besonderen Art. Eines mit Anlauf. Wie erwähnt, ging es wieder einmal beim größten Bierfest der Welt ums Bier, konkret gesagt um das richtige Einschenken. Ein Maßkrug fasst einen Liter Bier, ein Eichstrich zeigt die richtige Füllmenge an. Dass diese nie ganz genau eingehalten wird, ficht die meisten Zecher nicht an, im Getümmel eines Bierzelts schon gar nicht. Aber übertreiben durfte man es nicht. Da werden selbst die Gutwilligen störrisch. So gab es immer wieder berechtigte Klagen, ein „Verein gegen das betrügerische Einschenken" hatte sich früh formiert.

Wenn man nach einem Beginn der Auseinandersetzung Süßmeiers mit den Behörden und Gauweiler sucht, dann lässt er sich an einer Reportage des Bayerischen Rundfunks festmachen. Günther Jauch, damals schon ein pfiffiger Reporter in München, ließ auf der 1982er Wiesn in Süßmeiers Armbrustschützen-Zelt das Einschenken des Schankkellners Biwi beobachten, der später auch noch eine gewisse Berühmtheit erlangen sollte. Besagter Biwi schaffte es, aus einem Hirschen, das ist ein Fass, das normalerweise 200 Liter enthält, 289 Liter Bier heraus zu kitzeln. Süßmeier verteidigte sich damit, dass die Fässer unterschiedlich groß ausfallen. Nur wenige fanden das überzeugend.

Derselbe Biwi trat dann vor der Wiesneröffnung 1983 auf Süßmeiers Geheiß mit einem Trikot mit der Rückennummer 289 auf. Diese Gaudi war eine Nummer zu groß, wie der Wirte-Napoleon in seinen Erinnerungen zugibt. Eine Fachzeitschrift für das Gaststättengewerbe regte sich darüber auf, dass Süßmeier seinen Schankkellner vor versammelter Presse wegen seines betrügerischen Ausschankergebnisses gratuliert hätte. Daraufhin empörte sich ein SPD-Abgeordneter, ein Wirt könne doch nicht den Verbraucherbetrug öffentlich feiern. Ein Wiesnstadtrat von der CSU empörte sich auch und schließlich erklärte dessen Parteifreund, der damalige Oberbürgermeister Erich Kiesl, auch empört, die Angelegenheit zur Chefsache. Kiesl stand schließlich im Jahr darauf wieder zur Wahl.

Nun nahm Gauweiler, Referent unter Kiesl und dann auch unter dessen SPD-Nachfolger Georg Kronawitter, das Heft in die Hand. Süßmeier wurde vorgeladen. Der versprach, man werde aufs gute Einschenken achten. Im Januar 1984, 250 Tage vor dem Oktoberfest, war die Schankmoral wieder Gesprächsthema in München. Bundesjustizminister Hans A. Engelhard, ein Münchner FDP-Mann, der in Bonn wenig Funken schlagen konnte, probierte es nun als Schaumschläger und sprach, das schlechte Einschenken gefährde den Ruf der Wiesn und der ganzen Stadt. Oberbürgermeister Kiesl, gerade mitten im Wahlkampf, drohte den Wiesnwirten umgehend mit Rausschmiss, Adlatus Gauweiler ließ es nicht bei Drohungen bewenden.

Urteil nach langem Kampf

Zum Frühlingsfest auf der Theresienwiese im Jahr 1984 (quasi die kleine Schwester des Oktoberfestes) entsandte Gauweiler neun Kontrolleure. Sie hielten ihre Mess-Stäbe an genau 596 Maßkrüge auf den Tischen und notierten: Keiner der Krüge war richtig eingeschenkt. Das machte Schlagzeilen. Gauweilers Generalprobe für die Wiesn wurde allseits hoch gelobt. Die Wirte, die jedes Jahr aufs Neue ihre Zulassung zu beantragen hatten, mussten nun einen Zehn-Punkte-Katalog beantworten, in dem es um Maßnahmen zur Vermeidung früherer Beanstandungen ging. Süßmeier: „Ich fühlte mich an die Überwachungsbehörde erinnert, die George Orwell in seinem Buch 1984 beschrieben hat. Big Brother ist watching you."

Ein paar Wochen später erging ein Aufsehen erregendes Urteil, das ein Archäologen-Stammtisch im Augustinerkeller nach jahrelangem Kampf erstritten hatte. Der Verbraucherschutzverein war für die Akademiker-Runde vor Gericht gezogen und hatte höchstrichterlich Recht bekommen. Das Oberlandesgericht drohte – jetzt im Juli 1984 – dem Augustiner-Wirt ein Ordnungsgeld in Höhe von 500 000 Mark an, wenn in Zukunft die Maßkrüge nicht voll sein sollten. Dr. Gauweiler zeigte sich vor den Fotografen erfreut und hielt einen voll eingeschenkten Krug in die Höhe. Die Wiesnwirte ließ er noch zappeln. Ganze drei Tage vor dem Ozapfa erhielten sie ihre Konzessionen. Süßmeier kam sich schikaniert vor und schlug auf seine Weise zurück.

Auf einer denkwürdigen Pressekonferenz zum Auftakt des Oktoberfests 1984 präsentierte er sich mit Schnurrbärtchen, buschigen Augenbrauen und Mittelscheitel als Gauweiler-Double, dies unter einem Riesenposter mit dem Konterfei des „Schwarzen Peter" und der Zeile „Gauweiler sieht Dich – Gauweiler is watching you". Er erklärte den Journalisten, dass er diese Fotos über den Schänken aufhängen werde, um seine Kellner immerzu an die drohenden Gefahren bei schlechtem Einschenken zu erinnern.

Außerdem erlaubte sich Süßmeier den Spaß, seinen Wunderzapfer Biwi mit Schnurrbart und Kochmütze als Hendlbrater auftreten zu lassen. Der vollzog nun das Hendlwunder von München, machte aus einem Brathendl drei Hälften. Süßmeier hatte eine dritte Hendl-Hälfte in das gebratene Hendl einnähen lassen. Und spottete, was ihm da früher an Umsatz und Gewinn entgangen sei. Die Presse nahm's als Riesengaudi und erkannte natürlich den Adressaten des Spotts. Der schlug zurück.

Schon am Eröffnungstag der Wiesn, gleich Mittags um zwölf, waren Gauweilers Kontrolleure da, beschwerten sich über das – unvermeidliche – Gedränge an der Gartenschänke. Später erschienen sie dem Biwi und ließen ihn ein Formular unterschreiben. Süßmeier kam, zerriss es und steckt es dem Kontrolleur ins Westentaschl. Er drohte damit, mitten im Trubel die Schänken zu schließen und den Grund bekanntzugeben: Behörden hindern meine Leute am Arbeiten. An Schänke drei beobachtete,

DIE VERTREIBUNG AUS DEM PARADIES

zunächst unerkannt, ein weiterer Kontrolleur mit dem Zählgerät in der Hosentasche einen Schankkellner. Er stellte fest, man weiß das alles so genau, weil die Sache vor Gericht ging, dass aus einem 152 Liter-Fass 198 Maß Bier ausgeschenkt wurden. Die Schlagzeilen am Montag waren nicht günstig für den Wirte-Napoleon. Von 4 000 Mark Buß- und Zwangsgeld war die Rede. Aber noch war nicht Waterloo.

Süßmeier meldete sofort Zweifel an, was die Zahl 198 anging. Er verwies darauf, dass auch Radlermaßen ausgeschenkt wurden und der Kontrolleur habe offenbar die mit weißer Limonade vorgefüllten Krüge übersehen. Vor Gericht, neun Monate später, bekam er Recht, der Prüfer musste einräumen, dass ihm wohl die Radlermaßen entgangen waren. Aber an diesem Montag mit den schlechten Schlagzeilen ahnte Süßmeier noch nicht, was ihm der Abend an Ungemach bescheren würde. 30 Prominente hatten sich zum traditionellen Armbrust-Schießen eingefunden, darunter der Polizeipräsident, der stellvertretende Ministerpräsident, der Intendant des Bayerischen Rundfunks. Gauweiler, der auch auf der Einladungsliste stand, war nicht erschienen.

Erfolgloses Gnadengesuch

Dafür erschienen seine Leute in großer Zahl. Während die Promis ihre Preise entgegennahmen, wurde Süßmeier in sein Büro gerufen. Ihm wurde mitgeteilt, dass 40 Beamte im Zug einer Razzia das Personal auf gültige Papiere überprüfe. Am Ende nahmen sie 23 Hilfskräfte mit, die keine Arbeitserlaubnis bzw. Gesundheitszeugnisse hatten. Hausdurchsuchungen folgten. Der Staatsanwalt ermittelte wegen Verdachts des Verstoßes gegen das Ausländergesetz. Gauweiler stellte öffentlich die Zuverlässigkeit des Wirtes in Frage. 100 Mitarbeiter Süßmeiers überbrachten dem neuen Oberbürgermeister Kronawitter im Rathaus eine Petition, eine Art Gnadengesuch: „Lasst uns unsern Wirt". Nix war's, die Vertreibung aus dem Paradies war nicht mehr aufzuhalten. Am Dienstag durfte er sein Zelt – es gehörte ihm – nicht mehr aufsperren.

Dickschädel Süßmeier musste aufgeben. Er hätte für die letzten Tage mitten im Trubel ein Geisterzelt hinterlassen können. Das wollte er nicht. Die Brauerei nannte einen Käufer, man verhandelte eine halbe Nacht, wurde sich einig. Süßmeier montierte sein Namensschild am Eingang ab. Helmut Huber, so hieß der Neue, war vom 2. Oktober an Festwirt. Monate später wurde Süßmeier vom Vorwurf des Schankbetrugs freigesprochen (die Radlermaßen sprachen für ihn), das Verfahren wegen illegal Beschäftigter aber endete mit einer Geldbuße von 100 000 Mark.

Heute ist Richard Süßmeier als Gastronom im Ruhestand, immer noch ein begehrter Festredner, vor allem, wenn es ums Derblecken geht, wenn es bayrisch-lustig werden soll. Und er ist ein gefragter Mann, wenn es Fragen rund ums Thema Wiesn und die alte Wiesnherrlichkeit gibt. Sein Kontrahent von damals, Peter Gauweiler, gehörte dem bayerischen Kabinett an, sitzt inzwischen im Bundestag. Er ist als konservativer Intellektueller ein begehrter Publizist, und weil er ein eigenwilliger Kopf ist, kommt er auch in Blättern, die nicht gerade seiner Couleur entsprechen, oft zu Wort. Erfolgreicher Anwalt ist er obendrein. Versöhnt haben sich die beiden nie. Süßmeier schreibt in seinen Erinnerungen: „Einmal, bei einer Gerichtsverhandlung wegen der Wiesn-Sache, wollte er mir die Hand reichen. Ich hab ihm die Faust hingehalten." *ti*

Gleich bist du dran

Was hält der eigene Körper aus? Unser Autor wagte sich auf die wildesten High-Tech-Fahrgeschäfte. Seitdem ist er fit für eine Karriere als Kampfpilot.

Wer herausfinden will, was der eigene Körper aushält, ist auf der Wiesn gut aufgehoben. Dazu ist nicht einmal die Teilnahme an einer Bierzelt-Rauferei nötig, die ohnehin von der Polizei nicht gern gesehen wird, obwohl sie zweifelsohne ein Beitrag zur Brauchtumspflege ist. Richtige Männer, besonders solche, die mindestens sechs Maß intus haben, stählen ihren Leib ersatzweise in einem der zahllosen Fahrgeschäfte. Hier wird der Mensch einer schonungslosen Materialprüfung unterzogen, in deren Verlauf sowohl mittelalterliche Foltertechniken als auch Elemente der Kampfpilotenausbildung zum Einsatz kommen. Im Bestreben, die Grenzen der Belastbarkeit der menschlichen Physis auszuloten, haben die Ingenieure in den vergangenen Jahrzehnten immer raffiniertere Verfahren entwickelt. So erwarten den zu allem entschlossenen Wiesnbesucher im Wesentlichen folgende Tests: Durchrütteln des Körpers sowie Rotationen um die Längsachse in liegender und stehender Position; raketenartige Beschleunigung, bei welcher der Leib mit dem Sechsfachen seines Körpergewichts in den Sitz gepresst wird; Sturzflüge, die den freien Fall simulieren; Kopfstände in schwindelnder Höhe; Frontalzusammenstöße ohne Knautschzone; Loopings und Kreiselbewegungen, die das Blut in den Kopf und den Mageninhalt Richtung Schlund treiben; Erregung von Höhenangst sowie andere Psychopraktiken zur Hervorbringung von Furcht und Schrecken, etwa mittels Gespenstern oder fingierten Hinrichtungen.

Würden all diese Torturen im Strafvollzug angewandt, gäbe es Gründe genug, einen guten Anwalt einzuschalten. Wunderbarerweise unterziehen sich die Leute freiwillig solcher Sonderbehandlung, und sofern man ihren Gesichtsausdruck richtig deutet, stellen sich Hochgefühle und dergleichen ein, wenn auch nicht bei allen. Man kann das etwa am Freefall-Tower beobachten, einem fünfzig Meter hohen Turm, den die Bremer Maschinenfabrik Huss für den Münchner Schausteller Michael Goetzke konstruiert hat. Wer mitfährt, wird in einer offenen Gondel erst in die Höhe katapultiert, dann geht es im freien Fall abwärts, so als würde man im Lift eines Wolkenkratzers abstürzen.

Bereits das Anstehen – man steht fast immer Schlange vor dem Absturzapparat – ist für furchtsame Menschen eine Qual. Beinahe alles, was man sieht und hört, ist geeignet, den Fahrgast pessimistisch zu stimmen. Da ist zum Beispiel dieser Scherzkeks im Kassenhäuschen, der mit launigen Sprüchen über Lautsprecher die Leute anlockt: Gerne würde man besänftigende Worte aus seinem Munde hören, irgendetwas, das Mut macht, und wenn es nur die Zusicherung wäre, noch ein jeder habe die Fahrt lebend überstanden, jedenfalls bis jetzt. Aber von

DA UNTEN STEHEN UNSERE HOSENSCHEISSER!

JUCHHU!!

wegen! Hämische Kommentare sind zu vernehmen, besonders wenn die Menschen ganz oben hängen wie überreifes Fallobst, wissend, dass sie sogleich in die Tiefe stürzen: „Ja, ja, die Augen werden da ganz schön groß", spottet dieser Mensch. Dann dreht er den Musikkanal auf: „I Just Died In Your Arms Tonight." Warum nicht gleich „Spiel mir das Lied vom Tod"?

Man muss das ausblenden. Muss stark sein. Bloß nicht dem Gedanken nachgeben, es könnte etwas passieren. Jetzt kehrt zu machen, wäre ein Blamage, vor allem vor den fünf Girlies, die kichernd und – angesichts des Ernstes der Lage – in seltsam aufgekratzter Stimmung in der Schlange stehen. Es wäre auch besser gewesen, die Warntafel am Freefall-Tower nicht zu lesen. Schwangere, so steht da, sind von der Fahrt ausgeschlossen. Ebenso Personen, die Probleme mit der Wirbelsäule und den Bandscheiben haben, die unter Bluthochdruck leiden, zudem Herz-Kreislauf-Kranke, Kinder unter acht Jahren sowie Menschen, die kleiner als Einsvierzig sind oder größer als Einsfünfundneunzig. Die Warnung ist insofern hilfreich, als sie dem Verzagten einen Vorwand zur ehrenhaften Flucht bietet, sofern er ein Riese oder ein Zwerg ist. Für Normalwüchsige aber gibt es kein Zurück mehr. Unter dem Vordach hängt ein letztes Schild: „Gleich bist du dran." In diesem Moment ahnt man, wie sich der Delinquent angesichts der Guillotine fühlt.

Es soll Leute geben, die mit ihrem Leben abgeschlossen haben, sobald sie auf einem der 24 Sitze des Freefall-Towers Platz nehmen. Diese Haltung, das belegen mehrere Selbstversuche, ist übertrieben. Zwar wird der Körper, eingeklemmt zwischen Sitz und Schulterbügel, in die Luft geschossen, doch hat man nur ansatzweise das Gefühl, eine Kanonenkugel zu sein. Eher kommt es einem vor, als würde der Mensch zusammenschnurren, und zwar zu einem Wesen, das nur noch aus Bauch besteht. Wird dieser Bauch emporkatapultiert, drückt sein Inhalt machtvoll nach unten. Alles möchte raus, und falls man überhaupt noch einen Gedanken fassen kann, dann ist es dieser: „Reiß dich zusammen!" Geht es dann abwärts, trachtet der Bauch, sich nach oben zu entleeren. Routinierte Freefall-Fahrer können auch dies vermeiden, es sei denn, sie hätten sich zuvor drei Fischsemmeln, eine Zuckerwatte, vier Paar Schweinswürstl, türkischen Honig, Schnaps und mehrere Maß Bier genehmigt. Überhaupt sind es zumeist die vorangegangenen Exzesse, die die Fahrt mit High-Tech-Beschleunigern wie dem Freefall unbekömmlich machen. Wer aber seine Innereien unter Kontrolle hat, kommt verhältnismäßig glimpflich davon. Am Ende entfaltet sich der Bauch wieder zu einem kompletten Körper, und vor den Girlies steht man als Held da. Man sollte nur nicht vergessen, rechtzeitig den Angstschweiß von der Stirn zu wischen.

Letzte Ölung

Wer mit derlei Menschenschleudern vertraut ist, wird eine Fahrt mit dem Freefall allenfalls als Warmlaufen für weitaus größere Herausforderungen betrachten. Der Cyberspace ist so eine. Hier stellt sich der Angstschweiß schon beim Zuschauen ein, aber es hilft ja nichts: Eine Testfahrt steht auf der Agenda, da muss man jetzt durch. Am Kassenhäuschen fällt einem die Nonne ein, die im altbewährten Teufelsrad die Eintrittskarten verkauft. Wäre es nicht besser, sie würde am Cyberspace Dienst tun und den Leuten vor der Fahrt noch die Lebensbeichte abnehmen sowie für die letzte Ölung bereitstehen? Okay, das mag die abwegige Idee einer Testperson sein, der schon auf der Schiffsschaukel schlecht wird – aber tröstlich wäre es doch.

Der Cyberspace, den die Münchner Firma Egon Kaiser auf die Wiesn gebracht hat, ist ein Riesenpendel, allerdings eines, das nur anfangs gemächlich hin und her schlägt, so wie man es von alten Wanduhren gewohnt ist. Eh du dich versiehst, schaukelt das Pendel höher und höher, bald steht es senkrecht in der Luft, fünfzig Meter ragt es in den Himmel, dann fällt es herab zur anderen Seite, bis es senkrecht in der Luft steht – von da an beschreibt es gigantische Kreise. Die Gondel, in der acht Freiwillige Platz haben, ist ihrerseits zur Rotation imstande, was zusätzlich Verwirrung stiftet. Jedenfalls weiß bald keiner mehr, ob er auf dem Kopf steht oder nicht, es ist einem auch egal, wenn man mit Tempo hundert abwärts schießt und sofort wieder hochgeschleudert wird, als hinge man am Propeller eines Windkraftwerks. Der Körper wird sechs Mal schwerer als normal, gottlob nur für einige Augenblicke, dann hängt man wieder oben. Ein Moment des Verschnaufens, ehe man hinabrauscht und die Augen tränen. Weiter dreht sich die Mühle, immer weiter, es wäre schön, säße jetzt doch die Nonne in der Gondel. Stattdessen junges Volk ohne Sinn fürs Tragische. Warum bloß schreien die vor Vergnügen?

Dies ist eines der ganz großen Mysterien der Wiesn: Alle paar Minuten wird in den Bierzelten das Trinker-Credo „Ein Prosit der Gemütlichkeit" angestimmt, und doch ist das Oktoberfest nichts weniger als gemütlich. Nur Ahnungslose begeben sich auf die Theresienwiese, um dort Bierruhe zu finden, wohingegen der Wiesnbesucher, der weiß, worauf er sich einlässt, die begründete Erwartung hegt, diverse Abenteuer zu erleben. Ihm ist bewusst, dass Gemütlichkeit sich nur dann einstellt, wenn der Körper und – sofern vorhanden – der Geist in sich ruhen. Dazu kommt es aber nicht einmal im Bierzelt, wo man permanent schunkeln, auf Bänken tanzen, Maßkrüge schwingen, die Hände zum Himmel recken oder seinen Sitzplatz behaupten muss, und wenn die Musik schweigt, ist man zur Kommunikation gezwungen, denn wer einfach nur da säße und in sich ruhte, wäre als Trauerkloß, wenn nicht gar als „Preiß" entlarvt.

Was die Wiesngänger seit je verbindet, ist der Wille zum Rausch: Der Bierrausch ist noch die gewöhnlichste Variante, auch mag in den Anfangsjahren, als die bayerischen Herrscher von einem Nationalfest träumten, der patriotische Rausch eine Rolle gespielt haben – aber das ist vorbei; der Sinnesrausch hingegen, den man sich als Ertrag eines Flirts erhofft, ist nach wie vor willkommen, und sollte es dazu nicht reichen, bliebe immer noch der Geschwindigkeitsrausch. Den zu erzeugen, obliegt seit Menschengedenken den Schaustellern, und die müssen gewaltige Summen – der Freefall-Tower beispielsweise kostete 2,5 Millionen Euro – investieren, um die Ansprüche ihres verwöhnten Publikums zu erfüllen. Im Affenzahn über die Piste zu rasen, gehört längst zur Alltagserfahrung eines jeden Autofahrers. Man muss den Leuten schon mehr bieten, im Idealfall ungefähr das, was der Autofahrer erlebt, wenn er mit Höchstgeschwindigkeit aus der Kurve getragen wird: Überschläge, Loopings, Kopfstände, freier Fall und solche Sachen. Nur der Tod soll den Fahrgästen erspart bleiben.

Technisches Wunder

Um solche Grenzerfahrungen zu ermöglichen, hat die Menschheit die Achterbahn erfunden. Im Jahr 1909 brachte Max Stehbeck, Sohn eines Schießbuden-Betreibers, die erste transportable Achterbahn auf die Wiesn. „Figur-8-Bahn" hieß das technische Wunder, das mit einer Dampfmaschine für den Antrieb des Kettenaufzugs ausgestattet war. Die Maschine wurde mit Kohle beheizt, die Schienen waren aus Holz – es ist nicht überliefert, ob sich die Leute vor der Fahrt bekreu-

Vorher
Wiesn
TEST PILOT
Bier Zeichen
OXYGEN

Nachher
Wiesn
TEST PILOT
Bier Zeichen
OXYGEN

zigt haben, zumindest hätten sie allen Grund dazu gehabt. Um 1925 kam der Zimmerermeister Josef Ruprecht mit seiner Gebirgs-Achterbahn groß heraus, die mit den Jahren immer monströser wurde und bald eine Fläche von 156 mal 30 Meter beanspruchte. Zwar wurde der Körper dabei aufs Angenehmste durchgerüttelt und in den Sitz gedrückt, aber das Gefühl, auf dem Kopf zu stehen, wie es jede ordinäre Schiffsschaukel bot, blieb den Achterbahnfahrern versagt. Diesen Mangel beseitigte der Schausteller Hilmar Gropengießer, als er 1952 eine Achterbahn mit Doppellooping auf der Wiesn installierte. Im Bemühen um eine ganzheitliche Abhärtung des Körpers war dies ein bedeutsamer Schritt, gleichwohl fehlten die Looping-Schleifen im folgenden Jahr. Einige Fahrgäste hatten Schäden an der Wirbelsäule davongetragen.

In den 1980er Jahren hat der Münchner Schausteller Rudolf Barth die Looping-Sache wieder aufgegriffen. Nach Doppel- und Dreierlooping ist er 1989 mit einem Fünfer-Looping herausgekommen, dessen Ellipsen in den fünf olympischen Farben leuchteten. Besonders bei Nacht ist der prächtig illuminierte Olympia-Looping schön anzuschauen, und man kann, auf sicherem Boden stehend, mit wohligem Schauer die Menschen betrachten, die für einen Moment kopfüber in der Luft hängen, um dann kreischend in die nächste Steilkurve zu stürzen.

Gerade diese extremen Momente gewähren aufschlussreiche Einblicke in die menschliche Natur: Männer neigen dazu, in der Achterbahn stoische Gelassenheit zu demonstrieren, wobei ihnen nicht selten das Gesicht entgleist und das nackte Grauen zum Vorschein kommt. Frauen, und das ist jetzt ganz erstaunlich, schreien und quieken zwar, als hätte ihre letzte Stunde geschlagen, gleichzeitig ist ihr Blick erfüllt mit – man kann es nicht anders sagen: Glückseligkeit. Einige Kenner behaupten sogar, kein Mann auf der Welt sei in der Lage, Frauen so zu begeistern, wie es eine Fahrt mit der Achterbahn vermag. Gleiches gilt für Kettenkarussells und Schiffsschaukeln, ja, auch der Cyberspace schleudert sie in den siebten Himmel.

Dies, bitteschön, ist eine empirisch tausendfach gesicherte Erkenntnis. In ihrem Licht verblassen die Legenden, denen zufolge die Fahrgeschäfte auf der Wiesn geschaffen sind, Frauen in die Hände wollüstiger Männer zu treiben. Angeblich würden sich die Damen vor lauter Angst den Herren an die Brust werfen, und die hätten dann leichtes Spiel. Bei allem Respekt vor Eugen Roth, der ein wunderbarer Dichter ist, aber auch ihm ist zu widersprechen, wenn er folgenden Unsinn verbreitet:

Zu neuem Ziel hinauf, hinan,
Hinein in eine Achterbahn!
Man fühlt sich sanft emporgehoben
Und sieht die Lichterstadt von oben,
Wie alles glänzt und dampft und braust,
Bis unverhofft man abwärts saust
In Stürzen, wollustangsterregend,
Besonders in der Magengegend.
Wie herrlich da die Weiber kreischen,
Indes verzückt in fremden Fleischen
Im selig-wirren Klirren, Schwirren,
Die Männerhände sich verirren.
Wie schnell macht solche Fahrt gefährtlich.
Man wird zu zweien schon recht zärtlich,
Und mancher legt um manches schlanke
Gewölbe die Beschützer-Pranke.

Wie gesagt: eine Männerphantasie. Tatsächlich wird die Frau in der Achterbahn ganz von alleine glücklich. Männer stören da nur. Vor allem wenn sie mit ihrer Pranke vor lauter Angst ans schlanke Gewölbe der Mitfahrerin greifen.

10. Selbstversuch I

Wenn also Frauen dabei sind, sollten Männer tunlichst vermeiden, in die Nähe des Fünfer-Loopings zu geraten. Sobald die Damen des leider unübersehbaren Gerätes gewahr werden, ist eine Fahrt unausweichlich. Und natürlich müssen alle mit, erst dann, behaupten sie, werde es richtig lustig. Ausreden helfen gar nichts, außer man wäre schwanger, aber das ist man ja selten als Mann. Gereifte Herren gewinnen immerhin Zeit, indem sie die Informationstafel des Olympia-Loopings laut verlesen: Gesamthöhe 38,5 Meter, 1250 Meter Schienenlänge, Grundfläche 86,5 mal 38,5 Meter, 900 Tonnen Gesamtgewicht, für den Transport mit der Bahn sind 50 Waggons nötig. Ach ja, und die Höchstgeschwindigkeit beträgt hundert Stundenkilometer – ob man den Entschluss, da mitzufahren, nicht doch noch mal überdenken solle? Nein? Die Damen sind gnadenlos.

Folglich betritt man den Zug mit einer Art Wurschtigkeit, etwa in dem Sinn, dass es auf dieser Olympiabahn nicht ums Siegen geht, sondern allein ums Überleben. Die Fahrt auf den Scheitelpunkt in gut dreißig Metern Höhe ist noch erträglich, und man hat Zeit, sein Leben Revue passieren zu lassen und dies oder das zu bereuen. Ein unausgesprochener Fluch gilt den Russen, die im 16. Jahrhundert auf die Schnapsidee kamen, die Achterbahn zu erfinden. Dann stürzt man hinab mit hundert Sachen, und der Magen fühlt sich an, als hätte man einen Ameisenhaufen verschluckt.

In der ersten Kurve dringen die Ameisen bis in die Zehen vor, danach hat man andere Sorgen. Der Zug dreht den ersten Looping. Dies ist der Moment einer neuen Welterfahrung: Nicht er, der Achterbahnfahrer, steht auf dem Kopf, sondern die Welt um ihn herum. Die Bierzelte, die Karussells, die Autoscooter, das Riesenrad, die Paulskirche – alles hängt verkehrt in der Luft. Nur die Passagiere des Achterbahnzugs haben noch Bodenhaftung. Insgesamt fünfmal dreht sich die Welt, danach ist man erstaunt, sie beim Aussteigen so vorzufinden, wie man sie verlassen hat. Auch der Ameisenhaufen verflüchtigt sich allmählich.

Es empfiehlt sich, nach dieser aparten Erfahrung den Olympia-Looping zu verlassen, ohne sich noch einmal umzusehen. Bei näherer Betrachtung käme womöglich heraus, dass es doch nicht die Welt war, die auf dem Kopf stand. *wg*

Ab nach Moskau

Der Euro-Star ist eine transportable Achterbahn, 30 Meter hoch, und besitzt mit einem Looping, einer Revolution und zwei Korkenziehern insgesamt vier Überkopfelemente. Zum Transport werden 84 Lkw-Ladungen benötigt. Ihre Premiere hatte die Bahn auf der Düsseldorfer Rheinkirmes 1995. Bis 2008 gehörte sie zu den Attraktionen des Oktoberfestes. Bei einem Auffahrunfall am 30. September 1996 auf der Wiesn gab es 26 Verletzte. Seitdem wurden nicht mehr so viele Züge auf die Strecke geschickt. Im Sommer 2008 war es mit dem Herumreisen vorbei. Die Bahn wurde an den Gorki-Park in Moskau verkauft.

Kartellbrüder

Die jährliche Erhöhung des Bierpreises auf der Wiesn hat schon vor Jahren die Herren der OPEC auf den Plan gerufen. Ungeachtet aller Proteste, hatten die Brauereien und die Festwirte in München immer ihr Ziel erreicht. Diesen Automatismus bewunderten die Araber zunehmend. Bei einem Geheimtreffen im Sommer 1979, mit Wirtesprecher Süßmeier und dem saudischen Öl-Minister Yamani an der Spitze der jeweiligen Delegation, wurde der Preis für das Barrel Öl an den Preis für einen Hirschen (200-Liter-Fass) gekoppelt. Inzwischen haben sich die Gaslieferanten angeschlossen. Bei den Preisverhandlungen erweist sich eine List der Verbündeten seit Jahren als erfolgreich.

Gewisse Nachrichten aus München lösen auch anderswo heftige Reaktionen aus und Anfragen von Haus zu Haus.

Natürlich hilft man sich in diesen Kreisen ...

... mit probaten Ratschlägen ... ... zu beiderseitigem Vorteil.

Der große Rauschangriff

Auf dem Oktoberfest wird ein Spezialgebräu kredenzt, das die Trinker schnell in Verzückung versetzt und sie Dinge tun lässt, die sie ansonsten verabscheuen.

Die Hymne „Ein Prosit der Gemütlichkeit", übrigens geschrieben, aber das sollte man gar nicht verraten, von einem Menschen namens Bernhard Dittrich aus Chemnitz – also diese Hymne zwingt mit ihrer Schlusszeile „Oans, zwoa, gsuffa!" den Bierzeltbesucher unweigerlich zum Trinken, und man wüsste gerne, ob auch die Mitglieder des „Vereins gegen betrügerisches Einschenken" bei ihren Kontrollbesuchen mitsingen, um nicht enttarnt zu werden. Jedenfalls sind die Schankmoralaufseher treue Gäste im Bierzelt; offiziell werden sie von den Wirten gern gesehen, inoffiziell weniger. Die Aura eines Moralapostels umgibt sie, und es ist ja auch irgendwie kleinlich, unbedingt einen vollen Krug haben zu wollen, wenn man eine Maß bestellt.

Der Verein, dessen Vorgängerorganisation bereits 1899 gegründet wurde, hat sich frecherweise zur Aufgabe gemacht, „den Schanknutzen von Schankkellnern und Wirten zu bekämpfen". Es soll nämlich vorkommen, dass eine Maß nur zu zwei Dritteln gefüllt ist, was schlagfertige Bedienungen im Falle einer Beschwerde mit der Belehrung quittieren, Schaum sei auch Bier. Vermutlich gehen die Wirtsleute nur aus Sorge um das Wohl ihrer Gäste so sparsam mit dem Bier um, gleichwohl unterstellt ihnen der Verein andere Motive: „Bereits 0,1 Liter weniger im Maßkrug, also lediglich eine Zeigefingerbreite, beschert den Wiesn-Wirten bei 6 Millionen verkaufter Maß einen satten Gewinn von 4,2 Millionen Euro."

Andernorts würde man diesen bescheidenen Zugewinn den stets vom Ruin bedrohten Wirten möglicherweise gönnen, in München aber hört sich der Spaß auf, wenn's ums Bier geht. Im 19. Jahrhundert kam es in der Stadt zu diversen „Bierkriegen" und „Bierrevolutionen", die mindestens so leidenschaftlich ausgefochten wurden wie politische Kämpfe. Über die Vorgänge vom 1. Mai 1844 berichtet der amtliche Stadtchronist: „Während die Feierlichkeiten bei Hofe noch nicht zu Ende waren, brach in der Stadt ein Tumult aus, der zu den ernstesten Besorgnissen Veranlaßung gab. Der Satz für das Sommerbier zu 6½ Kreutzer per Maaß hatte unter der arbeitenden Klasse und auch unter dem Militär eine äußerst ungünstige Stimmung hervorgebracht (...) Beim Bierbräuer Mader im Thal saßen an diesem Abend mehrere Artilleristen und Fuhrwesens-Soldaten beym Bier zusammen und es fielen auch hier über den hohen Bierpreis verschiedene Äußerungen, sie weigerten sich mehr als fünf Kreutzer zu bezahlen. Auf die ihnen nun gemachten Gegenvorstellungen fingen sie an, einige steinerne Maßkrüge zu zerschlagen und augenblicklich schloßen sich den Soldaten mehrere Individuen aus der arbeitenden Klasse an und es verging keine Viertelstunde,

BIER MACHT STARK!

so waren in genanntem Bräuhause alle Fenster und Krüge zerschlagen, Thüre und Kreutzstöcke aus den Mauern gerissen und eine allgemeine Zerstörung aller Meubeln in den Gastzimmern angerichtet. Die herbeygeeilte Gendarmerie-Mannschaft konnte die Ruhe nicht herstellen, sondern wurde verhöhnt und mißhandelt."

Ähnlich temperamentvoll ging es 1888 bei der „Ein-Pfennig-Zylinder-Protestschlacht" auf dem Nockherberg zu, ausgelöst von einer raffiniert eingefädelten Bierpreiserhöhung (gleicher Preis, kleinere Krüge). Als die Klügsten der Stammgäste den Schwindel spitz bekamen, brach eine Saalschlacht los, in deren Verlauf einigen Chapeau-Claque-Trägern der Zylinder derart verbeult wurde, dass eine Abteilung von 50 Schweren Reitern eingreifen musste. Als die Maßkrüge verfeuert waren, stiegen die mutigsten Kämpfer aufs Dach und setzten den Beschuss mit Dachziegeln fort. Zahllose Verletzte waren zu beklagen.

Aus all dem ist ersichtlich, dass der Münchner sein Bier als höchstes Kulturgut betrachtet, für dessen Genuss er notfalls Kopf und Kragen riskiert. Normalerweise haben die Eingeborenen ein eher lässiges Verhältnis zu Vorschriften, man hält sie für nötig, beachtet sie aber nicht weiter. Nur beim Bier nehmen sie es genau, da ist es schon eine Katastrophe, wenn es im Biergarten durch plötzlich einsetzenden Regen verwässert wird. Erst recht kleinlich sind sie, wenn es um die Unversehrtheit des Wiesnbiers geht, und dabei haben sie die Stadt auf ihrer Seite. Das Reglement ist unerbittlich: „Stadtgrenze ist Biergrenze." Dieser für Fremde etwas rätselhafte Satz stammt aus dem Munde von Gabriele Weishäupl, der Chefin des Tourismusamtes, und er bedeutet, dass auswärtige Brauereien ihr Bier sonst wo verhökern können, nur nicht auf der Wiesn. Gleichsam als Naturrecht ist in der städtischen Satzung festgeschrieben, „nur Münchner Bier der leistungsfähigen und bewährten Münchner Traditionsbrauereien" dürfe an die Wiesnbesucher ausgeschenkt werden.

In den Genuss dieses Privilegs kommen insgesamt sechs Brauereien: Augustiner (in der Augustiner-Festhalle und der Fischer-Vroni), Löwenbräu (Löwenbräu-Festzelt, Schützenfestzelt), Hofbräu (Hofbräuzelt), Paulaner (Winzerer Fähndl, Armbrustschützenzelt, Käfers Wiesn-Schänke), Spaten-Franziskanerbräu (Schottenhamel, Hippodrom, Spatenbräu-Festhalle und Ochsenbraterei), Hacker-Pschorr (Hackerbräu-Festhalle, Bräurosl). Weil die Brauerei-Chefs traditionsbewusste Menschen sind, passen sie ganz genau auf, dass sich kein exterritorialer Konkurrent einschleicht. Nicht einmal dem Wittelsbacher-Prinzen Luitpold von Bayern, immerhin ein Urenkel des letzten bayerischen Königs Ludwig III. und somit höchster Oktoberfest-Adel, ist es gelungen, für seine König-Ludwig-Schlossbrauerei Kaltenberg ein Festzelt zu erobern. Dabei hatte er so einen schönen Bauerntrick ausgepackt: In eine Münchner Gaststätte ließ Luitpold eine Hausbrauerei einbauen, um sagen können: Bitte sehr, ich braue in München. Aber da hatte er die Rechnung ohne die Wirte gemacht, auch ohne die Stadt und die Brauereien. Allesamt haben sie den Braten gerochen, und der Prinz musste leider draußen bleiben. Die Hausbrauerei steht inzwischen in Ulan Bator und braut Dschingis-Khan-Bier. Nein, nur Münchner Brauereien sind wiesntauglich, da ist man unerbittlich – weil es der Brauch ist, und nicht etwa um des Geschäftes willen.

Was aber eine Münchner Brauerei ist, wird schon wieder großzügiger interpretiert. Löwenbräu, Spaten und Franziskaner gehören dem brasilianisch-belgischen Brauereiriesen Inbev, während Paulaner und Hacker-Pschorr mit dem holländischen Konzern Heineken verbandelt sind. Immerhin, der Hofbräu ist noch fest in bayerischer Hand, und zwar in der des Freistaats, der von München aus kontrolliert wird. Augustiner wiederum gehört zur Hälfte der Edith-Haberland-Wagner-Stiftung sowie zu etwa 30 Prozent der Familie Inselkammer; der Rest verteilt sich auf verschiedene Erben.

Da staunten die Chinesen

Als vor einigen Jahren ein chinesisches Filmteam auf dem Oktoberfest für eine TV-Sendung drehte, gab es bei den Chinesen lange Gesichter, weil aus der vermeintlich besten Szene nichts wurde. Den Filmleuten hatte man zu Hause erzählt, in jedem Münchner Privathaushalt gebe es neben der Wasserleitung eine Bierleitung. Der bedauerliche Irrtum zeigt, wie gewaltig man den Einfluss des Bieres auf München einschätzt. Ja, es gilt weltweit als ausgemacht, dass München und Bier zusammengehören wie Yin und Yang. Mit der Stadtgeschichte unvertraute Münchner glauben das auch, und solche erzählen manchmal, Heinrich der Löwe habe nicht nur die Stadt gegründet, sondern auch den nach ihm benannten Löwenbräu. Als höhere Wahrheit im Sinne der platonischen Ideenlehre mag das durchgehen, wissenschaftlich betrachtet stehen derlei Mythen auf tönernen Füßen.

In Wirklichkeit war München anfangs beseelt vom Geist des Weines. Welschriesling, Elsässer Wein, bayerischer Landwein – das tranken die mittelalterlichen Zecher mit Vorliebe. Bier war mehr eine kirchliche Angelegenheit, man braute es zunächst hinter Klostermauern. Die Augustiner-Brauerei beispielsweise führt ihre Ursprünge auf das Treiben der Augustiner-Mönche zurück, die in ihrer Abtei in der Neuhauser Gasse bereits 1328 ein vorzügliches Bier gebraut haben sollen. Ob das wirklich so war, wird von einigen Historikern ebenso bezweifelt wie die nicht eindeutig zu belegende These, die älteste Münchner Brauerei sei Löwenbräu, gegründet im Jahr 1383. Aber da war Heinrich der Löwe schon lange tot.

Wie auch immer: Das Bier gewann zunehmend Freunde in der Stadt, um 1600 beherbergte München mehr als 70 Brauereien. Der einstmals kreativen Rezeptgestaltung waren um diese Zeit bereits enge Grenzen gesetzt, denn am 30. Februar 1487 hatte Herzog Albrecht IV. das Münchner Reinheitsgebot erlassen, wonach Bier fortan nur aus Hopfen, Gerste und Wasser gesotten werden dürfe. Apodiktisch hieß es weiter: „Und sonst nichts darein oder

darunter tun oder man straffe es für valsch". Bis dahin hatte man das Bier mit Wacholder oder Lorbeer angereichert, auch Tollkirsche oder Bilsenkraut kamen zum Einsatz, weil deren Halluzinogene den Rausch zu beschleunigen versprachen. Damit die Bierpanscherei auch im übrigen Bayern aufhöre, erließ Herzog Wilhelm IV. am 23. April 1516 eine Neufassung des Reinheitsgebots, das für sein gesamtes Herrschaftsgebiet gültig war. Heute ist das Gebot so etwas wie die Magna Carta des bayerischen Brauwesens, und man wundert sich, dass es noch nicht in die Verfassung aufgenommen wurde.

Lieber Wein statt Bier

Allerdings zeitigte der unaufhaltsame Vormarsch des Bieres offenbar eine ungünstige Wirkung auf Geist und Sitten der Bürger. Mit Schaudern berichtet die sensible Romantikerin Bettine von Arnim, was sie im März 1809, gut ein Jahr vor dem ersten Oktoberfest, in München erlebt hat: „Die festen sicheren, in sich einheimischen Naturen ..., die müssen sich durch die kotigen Straßen schleifen lassen von einem biertrunkenen Volk, und keiner tut diesem Einhalt, keiner wehrt seinen Mißhandlungen; man lässt sich versündigen an den höheren Gefühlen der Menschheit. – Teufel!" Womöglich hätte die Geschichte Münchens einen noch brillanteren Verlauf genommen, wäre man beim Wein geblieben – denn was das Bier anrichtete, beobachtete der Dichter Friedrich Hebbel bei seiner München-Visite im Jahr 1840: „Man muß die riesenhaft ungeheueren Fässer in den Bierhäusern und Sommerkellern gesehen haben, um sich einen Begriff davon zu machen, wie viel Bier allein in München ausgetrunken wird; die bis zum Niederbrechen beladenen Wagen der Brauer durchziehen unablässig die Straßen, um den Schenkwirthen die nöthigen Quanta zu bringen, und die Dienstmägde erblickt man fast nicht, außer mit dem Bierkrug am Arm. Der Bierkrug aber ist der Feind des Genies; er rundet die Bäuche, treibt die Gesichter bis zum Zerspringen aus einander, und röthet die Nase; dagegen erstickt er den Geist und löscht sogar das Auge aus. Ich kann mich des Gedankens nicht erwehren, dass die ganz unläugbare Armuth Baierns an Männern, die Kunst und Wissenschaft bedeutend förderten, und manche frostige Erscheinung mit dem Biertrinken zusammenhängt."

Wir zitieren das voller Abscheu und hoffen, dass man Hebbel für diese Bemerkung seinerzeit den Scheitel ordentlich gerade gezogen hat. Schlecht über München reden dürfen nur die Münchner selbst; Auswärtige haben da einfach den Schnabel zu halten. Übrigens war der Dichter Hebbel selbst auf der Wiesn. Ganz außerordentlich beeindruckt hat ihn dabei ein Festwagen mit der Inschrift „Erste Rübenzuckerfabrik in Baiern", auch ein anderes Fuhrwerk fand er bemerkenswert, weil auf diesem „ein vollständiger Brauapparat, sammt dem dazu gehörigen Personal, aufgestellt war". Zu Hebbels Zeiten war das Bier auf der Wiesn schon bestens eingeführt, was man vom ersten Oktoberfest nicht behaupten kann. Als sich die Bürgerschaft im Oktober 1810 aufschwang, die Hochzeit des Kronprinzen Ludwig mit einem Pferderennen zu feiern, gab es nämlich kein Bier – zumindest auf der Festwiese. Wer trotzdem eines trinken wollte, musste sich auf die Sendlinger Anhöhe bequemen, wo der Stoff allerdings reichlich vorhanden war. Man trank damals „Sommerbier". Das „Märzenbier" kam erst 1872 durch den Wirt Michael Schottenhamel auf die Wiesn – wo es bis heute blieb.

Nach dem bierversorgungstechnisch holprigen Anfang gelang es den Wirten rasch, auf das Festareal vorzudringen. Bereits 1824 sah sich die Stadtverwaltung gezwungen, die Platzvergabe strengen Regeln zu unterwerfen. In diesen Jahren zapften die Schankkellner das Bier in rustikalen Bretterbuden, das Volk aß und trank im Freien, milde umweht von den Ausdünstungen der Schweine, Ochsen und Schafböcke, die die bayerischen Bauern als Leistungsnachweis sowie zum Ergötzen des Königs nach München getrieben hatten. 1835, zur 25-Jahr-Feier der Wiesn, waren es schon 100 000 Besucher, die am bayerischen Nationalrausch teilhaben wollten. Darunter sollen auch Choleraflüchtlinge aus Wien und Italien gewesen sein, die hoffentlich nicht mit leeren Taschen gekommen waren. Die Münchner nämlich ließen sich ihre Gastfreundschaft teuer bezahlen. Ein betuchter englischer Lord musste 32 000 Gulden hinlegen, um für sich und seine Familie samt Entourage zwei Wochen lang das Fest zu genießen. Immerhin, Wohnung, Verpflegung und kulturelles Begleitprogramm waren im Preis inbegriffen.

Eine Maß und ein paar Tropfen

Damals tranken die Jubiläumsgäste 250 000 Maß, was eine beachtliche Leistung darstellt. Im Durchschnitt zweieinhalb Maß pro Person – derlei Traumergebnisse gelingen heutzutage nicht mehr. Rechnerisch kommen in unseren Tagen auf jeden Besucher eine Maß plus ein paar Tropfen extra. Im Verlauf des 19. Jahrhunderts baute das Bier seine Vorherrschaft über die Wiesn sukzessive aus, so dass 1865 ein Korrespondent namens Nudelmüller im „Lustigen Volkskalender" vermeldete: „Um Punkt zwei begann das Fest. Die größten Ochsen, die ich je gesehen. Die Anhöhe und die Wiese sind dicht gefüllt. Bier aus tausend Fässern ... Endlose Kneiperei ... Ganz München – ein Bierfass."

In diesem Fass befindet sich zur Wiesnzeit ein spezielles Gebräu, dessen hervorstechende Eigenschaft ist, rascher einen Rausch hervorzurufen als das gewöhnliche Münchner Bier. Das untergärige helle Festbier hat eine etwas höhere Stammwürze und somit einen Alkoholgehalt von etwa sechs Prozent. Es schmeckt leicht süßlich, auch der Malzgeschmack sticht behutsam hervor, und generell rühmen es Kenner als „süffig". Da das Oktoberfest wie die antiken Saturnalien in erster Linie dazu dient, das Volk in einen rauschhaften Zustand zu versetzen, ist die höhere Alkoholdosis moralisch in jedem Fall gerechtfertigt. Außerdem trägt sie zum inneren Frieden der Einheimischen bei, denn erst ab einem gewissen Pegel erkennt der an sich missmutige Münchner, dass es außerhalb seiner Stadt kein richtiges Leben gibt. Normalerweise fühlt er sich nur wohl, wenn er Anlass für seinen Grant findet, zur Oktoberfestzeit aber wandelt sich seine Natur. Dann ist seine größte Sorge, nicht genügend Durst auf die Wiesn mitzubringen und folglich Gefahr zu laufen, nüchtern und aus diesem Grund auch ernüchtert das Fest zu verlassen. Aber das kommt selten vor, zumal es Mittel gibt, dem Durst auf die Sprünge zu helfen. Dazu arbeiten diverse Wiesn-Akteure Hand in Hand. Die Wiesnkapelle ruft alle naslang „Die Krüge hoch", und wer nicht unangenehm auffallen will, muss den Krug stemmen und trinken, unter Umständen auf „ex". Der Hendlbrater fügt seiner Gewürzmischung eine Extraprise Salz hinzu, die Steckerlfisch-Meister sparen ebenso wenig mit Salz, und was den Breznbäcker betrifft, so sehen seine Kreationen aus, als seien sie in einen Salzhagel geraten. Wer das alles ohne Bier verzehrte, würde innerlich gepökelt und ginge elend zu Grunde.

Man muss also trinken, und der Münchner trinkt gerne. Nach etwa drei bis vier Maß – die Mindestmenge ist individuell verschieden – ist er dann auch bereit, Dinge zu tun, die er ansonsten verabscheut: Auf der Bierbank tanzen, lustige Lieder singen, unbekannte Leute umarmen, fremde Sprachen sprechen, überall Bussis verteilen – was man halt so macht an einem Wiesnabend. Und dann ist er glücklich, der Münchner. Nüchtern würde er sich im dampfigen Festzelt wie in der Hölle fühlen; im betrunkenen Zustand ist es sein Himmel. *wg*

SO WAR ES BISHER ...

… SO WIRD ES SEIN !

Hölle, Hölle, Hölle

Im Reich des Rausches: Unser Autor war auf dem Oktoberfest. 16 Tage lang im selben Zelt, am selben Platz. Von morgens bis abends. Seitdem ist er ein anderer Mensch.

Der erste Wiesn-Samstag ist ein schöner, ein märchenhafter Tag. Ich sitze im Hacker-Festzelt, in dem ich den größten Teil der nächsten zwei Wochen verbringen werde, jedenfalls ist das der Plan. Ein guter Freund hatte mir versprochen, mir regelmäßig den Zwischenstand aus der Allianz-Arena aufs Handy zu schicken, die von einigen meiner Bekannten Arroganz-Arena genannt wird. Ich bin in der Nähe von Bremen geboren, Werder Bremen ist mein Verein, seit ich ein Kind bin, und als es zum ersten Mal in der Hose vibriert, also das Handy, steht es 1:0 für uns, es vibriert weiterhin, 2:0, beim 3:0 versuche ich, diesen Freund anzurufen, aber ich verstehe ihn nicht, es ist zu laut auf der Wiesn, beim 5:0 denke ich an eine schwere Verarsche. Das Ergebnis sieht geradezu absurd schön aus auf dem Display. Allerdings schauen die Leute inzwischen überall auf ihre Handys, halten sie ein Stück vom Gesicht weg, und soweit es Bayern sind, scheinen auch sie an eine schwere Verarsche zu glauben oder auf eine zu hoffen, je nachdem.

Fünf Tore bei den Bayern, das ist jedenfalls ein Wunder, an das ich erst am Abend richtig zu glauben beginne, als die Fans in den Werder Trikots eintreffen. Sie kommen direkt aus dem Stadion, Gesandte aus der Welt da draußen mit den Namen der Helden auf dem Rücken, Frings und Pizarro, Özil und Diego und Naldo. Die Bremer bestellen je eine „Maas“, denn wo der Bayer ein kurzes „a“ spricht, wie in Maß, spricht der Bremer ein langes – und wo der Bayer ein langes spricht, wie in Rad, spricht der Bremer grundsätzlich ein kurzes: Ratt. Ich erinnere mich nicht an alles, was noch geschehen ist, nur daran, dass ich irgendwann im Hacker-Zelt, unter dem Himmel der Bayern, von einem fleischigen Frings zärtlich in den Arm genommen wurde. Ich ließ es geschehen.

Stille Momente

Geschehen lassen ist der Schlüssel. Man muss dazu bereit sein, etwas mit sich geschehen zu lassen, sonst geht es nicht, sonst kann man das nicht überstehen: zwei Wochen Oktoberfest, nonstop im Bierzelt, von morgens bis abends. Man muss bereit sein, sonntags um neun in der Früh Bier zu trinken. Sonntags um neun sind die Zelte schon voll, neben mir sitzen eine Menge junger Leute um die zwanzig. Sie haben sich über die Internetplattform „Couchsurfing“ kennengelernt. Man registriert sich im Internet, erzählt ein bisschen über sich und stellt den anderen Usern seine Couch zur Verfügung, das spart Hotelkosten. Die Couchsurferinnen kommen aus Amerika und Südafrika, sie haben auf der Couch einiger Bayern geschlafen. Ich bin noch müde an diesem Morgen, ich muss es mir reinpressen, das Bier, und den Jungs am Tisch bin ich bald egal. Sie prosten sich zu, sie

Wahnsinns-Wiesn

13. Selbstversuch II

stehen schon in ihren Lederhosen auf den Bänken, nette Kerle, aber ich bin ihnen wurscht. Ich sehe: Waden. Die Frauen sind anders, sie wollen mich einbeziehen, Frauen kriegen Mitleid, wenn ein einzelner Mann neben ihnen sitzt, dem das Bier nicht schmeckt. Irgendwann stößt diese Südafrikanerin mit ihrem Krug leicht gegen meinen, es klirrt ganz leise. Es ist ein beiläufiges Geräusch, das man aufnimmt wie einen Blick aus der Menge. Man kann zurückschauen oder zurückprosten. Man kann es auch bleiben lassen, aber dann ist man raus. Man hat die Wahl.

Es gibt diese stillen Momente auf der Wiesn, allerdings sind sie nicht von Dauer. Von hinten nähert sich bald ein bärtiger Mensch und singt das Harald-Juhnke-Lied, alle Strophen, die letzte geht so: Wer macht abends einen drauf? Harald JUUUHNKE / und steht morgens wieder auf? Harald JUUHUUNKE. Wenn man die tragische Geschichte des großen Säufers Harald Juhnke einigermaßen kennt, kann man den Text nur mit einigem guten Willen so stehen lassen. Ein schönes Thema. Die Südafrikanerin kennt Harald Juhnke nicht, sie will aber auch nichts wissen über die tragische Geschichte dieses großen Säufers, die ich ihr nahezubringen versuche. Sie hat schon eine Maß mehr als ich, dabei ist sie viel dünner und jünger, keine zwanzig, grob geschätzt. Wir kommen da nicht weiter. Und irgendwann bin ich dann raus.

Unter Menschen

Das Oktoberfest kennt verschiedene Aggregatzustände. Bis 17 Uhr, wenn die reservierten Tische neu besetzt werden, kann man noch richtig sitzen, man kann etwas essen, aber zum Abend spielt die Kapelle die ganzen Reißer und das Bier wirkt, und irgendwann stehen alle auf den Tischen und kommen da dann auch nicht mehr runter. Ältere Wiesn-Fans erzählen, früher sei geschunkelt worden, aber im Stehen kann man nicht schunkeln. Im Stehen kann man sich auf die Rücken verlassen, die hinter einem eine warme Wand bilden, gegen die man sich lehnen kann. Man muss betrunken sein, um ein Teil der Masse werden zu können, wenn alles verschmilzt. Abends gibt es nur oben und unten im Festzelt. Wenn man oben ist, auf der Bank, ist man dabei. Wenn man unten steht, blickt man in einen Wald von Menschen. Man ist unter Menschen, dafür ist der Begriff wahrscheinlich erfunden worden. Unter Menschen sein bedeutet, im Bierzelt nüchtern zuzusehen, wie alle „Moskau, Moskau" brüllen. Unter Menschen sein, also nach oben schauen und keine Sterne sehen, sondern nur Nasenlöcher – das ist die Hölle, Hölle, Hölle.

Von Beckstein ist viel die Rede

Vielleicht ist dieses Oktoberfest ein historisches, vielleicht ist noch nie klarer gewesen, warum die Leute sich das antun. Stundenlang anstehen, sich Steckerlfisch-Atem ins Gesicht wehen lassen, um einen Platz kämpfen in einem Zelt, allem ausweichen, was geflogen kommt, Kotze manchmal, Bier, Menschen. Was man in der Innenwelt des Zeltes auf sich nehmen muss, ist nichts gegen das, was da draußen passiert. Da draußen kann man jeden Abend, im Bett liegend und zappend, den Weltuntergang begrüßen. Die Bankenkrise, der FC Bayern, die CSU nur noch bei 47 Prozent. Nichts, was sicher war, scheint sicher zu sein. Von Beckstein, der vor der Wiesn gesagt hatte, nach zwei Maß Bier, auf den Tag verteilt, könne man noch Auto fahren, ist viel die Rede, auch im Hacker-Zelt. Wer sich schwer gegen die Wand stützen muss auf dem langen Weg zur Toilette, ruft den Kellnerinnen verwaschen zu: „Wenn d' Polizei kimmt, red i mi aufn Beckstein naus." Im Bierzelt ist die Wahl lange entschieden. Der Ministerpräsident ist für Menschen, die Filzhüte mit aufgeklebten Löwen tragen oder leuchtende Teufelshörner, nichts als eine Witzfigur, die sich vergeblich angewanzt hat.

Hilfe und Schutz

Das Schöne am Oktoberfest: Es bietet Hilfe, Schutz, es hält alles in der Waage. Einmal sitzt mir, kurz nach Mittag, eine Frau gegenüber, geboren in Landsberg, seit dreißig Jahren in München lebend, die mir vorhält, sie nicht anständig begrüßt zu haben. Es stellt sich heraus, dass ich dieser Frau im Ganzen nicht gefalle, sie hat mitgekriegt, dass ich mir manchmal was notiere, sie sieht in mir den Journalisten, der ich bin, sie mag keine Journalisten, sie mag auch keine Norddeutschen, es kommt viel zusammen. „Ma siehgt glei, dass du a Fischkopf bist – bringst ja 's Mei ned auf!", sagt die Frau, vielleicht fünfzig, ziemlich hager. Ich erwarte, dass sie mir, im nächsten Schritt, den für einen Norddeutschen ganz typisch fischig-verkniffenen Gesichtsausdruck vorhalten wird. Ich überlege, im Gegenzug ihre schlechten Zähne zur Sprache zu bringen. Es ist die aufgeladenste Situation in den ganzen zwei Wochen.

Aber da kommt Christian, Christian aus Mindelheim, er schwingt sich über die Absperrung, was eigentlich verboten ist. Christian aus Mindelheim ist wie ein Tropfen einer geheimnisvollen Substanz, den jemand in ein brodelndes Reagenzglas tröpfelt, und dann beruhigt sich alles. Wir stoßen an. Christian ist außerdem ein Überlebenskünstler, der sich Urlaub genommen hat für die Wiesn, er ist mit seinem Auto da, in dem er zur Not schlafen kann, ist sich aber sicher, jederzeit einen Schlafplatz zu finden bei jemandem, den er auf der Wiesn trifft. Das gefällt der Frau sehr, dieses Lockere. Sie versucht noch ein paar Treffer anzubringen, während ich mich in das Bier sozusagen versenke. „De Ausländer wissn oans ned: D' Wiesn muasst mit Vastand o'geh", sagt sie, halb zu mir und halb zu Christian, es ist offensichtlich, dass Ausländer in diesem Fall die Steigerung von Fischkopf sein soll, aber das verfängt bei Christian nicht. Er schlägt sich auf keine Seite. Er trinkt sein Bier, erzählt von dem Sportverein in Mindelheim, den er trainiert, vom Job, er ist ein Schlichter, der nicht weiß, zwischen wem er schlichtet, und in welcher Angelegenheit. Er schlichtet ganz nach Gefühl.

Trotzdem, es zehrt. Menschen sind anstrengend. Was ich bräuchte, wäre Ruhe. Vor ein paar Wochen stand im *Spiegel* ein kurzer Nachruf auf den Reporter Wolfgang Becker. Gern traf er seine Informanten in Kneipen, stand da, „wo er zwischendurch mal aufs Klo verschwand, um Zitate seiner Gesprächspartner auf Bierdeckeln und Quittungen zu notieren". So ein Klo bräuchte ich, Tür zu, hinsetzen und die Schnürsenkel betrachten. So ein Klo fehlt mir, eine Toilette für mich allein, das wäre jetzt gerade das Paradies. Aber im Zelt gibt es dieses Pissoir, und wenn man pinkelt, schaut man denen, die auf der anderen Seite der Trennwand pinkeln, ins Gesicht, man glotzt sich an, man sieht glasige Augen vor sich, von hinten drängelt alles. Es gibt tote Punkte, an denen man sich bedauert, sich selbst und den Typen nebenan, der sich beim Öffnen der Hose helfen lassen muss. Wer sich bedauert, muss sofort heimgehen.

Große Kinder

Nach einer Woche Wiesn: kaum Kinder gesehen. Für Kinder ist das alles zu heftig. Außerdem: kaum Erwachsene gehört, die über Kinder reden. Wenn Erwachsene auf die vierzig zugehen, ist das ja das große Thema in jedem Biergarten, die Konsistenz von Babybrei, die Konsistenz von Babystuhl. Weil abends keine Kinder auf der Wiesn sind, füllen die

Erwachsenen die Lücke, werden selbst zu Kindern, fallen von der Bank, krabbeln über den Boden, ziehen sich die Lederhosen umständlich aus, schaffen es nicht, lassen sich von Stärkeren und Größeren davontragen.

Zwei nackte Männerhintern

In der ersten Woche Oktoberfest war ich zweimal richtig besoffen, einmal ziemlich nass (Bierdusche von rechts hinten), einmal ist mir einer auf die Hand getreten, einmal habe ich auf dem Nachhauseweg gegen ein FDP-Plakat gepinkelt. Ich habe auf der Wiesn zwei Hintern gesehen, nackte, haarige Männerhintern, und entgegen großer Ankündigungen von Wiesn-Experten nicht eine einzige Frauenbrust, nicht mal eine hängende von einer besoffenen Australierin. Ich bin öfter nach meinem Namen gefragt worden, als ich selbst jemanden gefragt habe, dafür habe ich mehr Fotos von anderen gemacht als die anderen von mir. Je länger man knipst, desto öfter nimmt man übrigens Dekolletés auf. Ich frage mich, warum die Frauen so viel schöner geworden sind als früher. Vor zwanzig Jahren, als ich Abitur gemacht habe, gab es noch picklige Mädchen und solche mit Brillengläsern wie Flaschenböden, die Klassenfotos waren voll davon, aber heute sehen sie alle wie Models aus. Ich habe mich auf das Bier eingestellt, die erste Maß geht runter wie nichts, es ist erstaunlich, wie schnell man sich daran gewöhnt. Was ich kann: auf der Bank stehen und halbgar mitwippen, wenn die anderen tanzen. Wie früher in der Disco. Was

JAHRESVERSAMMLUNG DES VEREINS
GEGEN BETRÜGERISCHES EINSCHENKEN

WIRT, WIR WISSEN, WO DEIN AUTO STEHT!

ich nicht kann: Mitsingen. Sie grölen diesen alten Schlager von Roland Kaiser: „Joana, geboren um Liebe zu geben / Verbotene Träume erleben / Ohne Fragen an den Morgen danach." Nach „Joana" ist eine kurze Pause in dem Originallied, da brüllen im Bierzelt alle: „Du geile Sau!" Das bring ich nicht, das ist zu dämlich.

Das mittlere Wiesn-Wochenende heißt Italiener-Wochenende, weil da immer die Italiener kommen. Die Italiener waren in diesem Jahr aber nicht sehr beeindruckend. Wer schon nach der Fußball-Europameisterschaft den Eindruck hatte, der Italiener als solcher sei in der Krise, wurde auf der Wiesn von diesem Gefühl nicht befreit. Sie hüpfen vor den Toiletten, weil die Blase platzt. Das ist es eigentlich. Im Gegensatz zu den Italienern nehmen die Jungs von der Freiwilligen Feuerwehr aus Markt Schöllkrippen die Gelegenheit wahr, auf sich aufmerksam zu machen, im Biergarten vorm Hacker-Zelt. Es ist wieder Samstag, die Sonne schiebt sich durch die Wolken, und die Männer aus Schöllkrippen erklären der Bedienung aus Niederbayern, dass Schöllkrippen ein Teil des Landkreises Aschaffenburg sei und damit nicht zu Hessen gehöre, sondern zu Bayern. Die Bedienung, eine kraftvolle blonde Frau, brummt: „Wenn ma eich so zuahört, kannt ma moana, ihr kemmts vo de Fischköpf oda vo no weida her", wogegen die Männer von der Freiwilligen Feuerwehr aus Markt Schöllkrippen protestieren, indem sie ausgesprochen bayerisch zu reden versuchen, aber es klingt sehr weich, sehr hessisch und ein bisschen besoffen.

Als die Bedienung, einen Strauß von Bierkrügen vor sich hertragend, davonstampft, ruft einer der Feuerwehrleute: „Warum hat der hessische Löwe den Schwanz immer oben? Damit ihn der bayerische am Arsch lecken kann!" Der Mann – er stellte sich als Rainer vor – trägt das schwarzblaue Sweatshirt der Freiwilligen Feuerwehr Markt Schöllkrippen so stolz, als wäre es ein Nationaltrikot, er hat einen kahlen Kugelkopf mit kleinen Äuglein, und er redet und redet und redet, und mit jeder Maß klingt er hessischer und hessischer und hessischer, wie Papa Hesselbach oder Heinz Schenk früher im Blauen Bock oder Andrea Ypsilanti; die drei großen Figuren des hessischen Komödiantenwesens. Rainer ist Koch, wenn in Markt Schöllkrippen oder in der Nähe was los ist, macht er das Catering. Er hat für Peter Maffay gekocht, „Blattspinat, der Maffay liebt Blattspinat, da fährt der voll drauf ab". Maffay war sehr freundlich, die Kelly-Family dagegen ausgesprochen arrogant und gourmetmäßig eine echte Katastrophe. „Die essen, wie sie singen: alles durcheinander", sagt Rainer, der sich dafür mit Genuss an die Frau von einem Sänger in einer Volksmusikband erinnert, „weil: Die Frau hat mich an einem Abend runtergesoffen – und wieder hoch".

Es ist ein schöner Nachmittag mit Rainer und den anderen aus Markt Schöllkrippen. Er unterhält den Tisch und er behält auch die Umgebung im Blick. Ist einer im Umkreis von sechs Bänken im Begriff, die Maß zum Mund zu führen, ohne mit den anderen anzustoßen, springt Rainer auf und weist ihn auf das Versäumnis hin: „Nie allein!", ruft Rainer, ein schöner Trinkspruch eigentlich, einer, der perfekt zur Wiesn passt. Die Gläser schlagen gegeneinander, und einer ruft in warmem, weichem Stimmklang: „Nie allein." Man erfährt Dinge, die man anderswo nie erfahren hätte. Alles über das Wesen der Freiwilligen Feuerwehr zum Beispiel, einem wichtigen Bestandteil des sozialen Geflechts, das die Gesellschaft im Verborgenen zusammenhält. Die Feuerwehrleute erzählen von Löschgruppenfahrzeugen, Tanklöschfahrzeugen und Nachschub-Gerätewagen, sie erzählen davon, wie sie immer Leute oder Häuser retten sollen und oft nichts mehr retten können, nicht mal mehr die Leute. Manchmal gibt es auch im Raum Aschaffenburg Unglücke wie dieses: Eine junge Frau war das Opfer. Sie hatten sie am Tag noch gesehen, und in der Nacht lag sie dann vor ihnen, fast enthauptet, und alles war voller Blut. Die anderen Männer blicken in ihr Bier, als einer das erzählt, und es ist ganz ruhig für den Moment, bis Rainer wieder zu reden anfängt. Jede Gruppe braucht so einen wie Rainer, er sorgt dafür, dass das Ganze nicht durchhängt. Er hat mehr gesehen als die meisten anderen an den meisten anderen Tischen. Er ist nicht einfach so ein Komödiant geworden, sondern das Leben hat ihn zu einem gemacht, wie das Leben alle hier zu denen gemacht hat, die sie sind.

„Nie allein", sagt Rainer und fragt in die Runde, ob jemand noch eine Lebensweisheit mit auf den Weg zu kriegen wünsche. Niemand sagt ja, keiner sagt aber auch ausdrücklich nein. Da hebt Rainer den Krug und ruft, mit Blick auf die Umweltkatastrophe und das Gletscherschmelzen da draußen sei es an der Zeit, Folgendes klar auszusprechen: „Es gibt viele Löcher ohne Eisbären, aber keine Eisbären ohne Löcher." Löschää, sagt er.

Außenwelt und Innenwelt

Am Samstag hat der FC Bayern in Hannover verloren, und dann hat die CSU ihre Klatsche gekriegt, und dann kam raus, dass die Wirtschaft insgesamt kaputt ist und bald vielleicht keiner mehr weiß, was sein Geld noch wert ist. Auf der Wiesn kriegt man das nicht so mit, es gibt keine Videowände da, man kann schlecht telefonieren, man ist in der Innenwelt. Da draußen aber sucht gerade Jürgen Klinsmann seinen Christian aus Mindelheim, und Günther Beckstein sucht seinen Rainer aus Markt Schöllkrippen, und die Kleinanleger, die von den Gangstermanagern um das ganze Ersparte gebracht worden sind, suchen auch jemanden, der ihnen hilft. Aber sie finden keinen, da draußen finden sie keinen.

Ein Nachmittag im Hacker-Zelt, kurz nach drei. Am Tisch, rechts von der Kapelle, sitzen drei Hamburger, Jeans, bunte Hemden, nebenan ein Ehepaar aus Bayern. Die Hamburger umklammern ihre Krüge. Zwei dösen und nutzen den Krug als Kinnstütze, der Dritte sucht Kontakt. Er heißt Horst. „Horst is ja 'n ziemlich gebräuchlicher Name im Norden, nech." Die beiden anderen Hamburger haben sich Fotos ihrer Freundinnen aufs Handy geladen, Horst ein Bild von Pamela Anderson, die er „Baywatch-Nixe" nennt, wie es auch die Boulevardzeitungen tun, die er regelmäßig und ausschließlich liest. Eine echte Frau fürs Handy gibt es gerade nicht in seinem Leben. Horst ruft: „Alles mit der Hand, sagt der Fabrikant!"

Er vertickt Sachen im Internet, sagt er, und manchmal kauft er was. „Kuriosa, verstehss du. Mein Ding sind Kuriosa." Er sagt: „Ich hab neulich die Unterhose von Idi Amin ersteigert, die echte", und weil die Kapelle grad nicht spielt und Horst eine kräftige Stimme hat, weiß jetzt jeder am Tisch von dieser Unterhose. Horst weiß, dass auch der Schauspieler Jan Fedder in verschiedenen Interviews erklärt hat, eine echte Unterhose von Idi Amin zu besitzen, aber beeindruckt ist er nicht von dieser Unterhosenschwemme. Meine, sagt er, ist mindestens genauso echt. Er nennt sie „Unnerbüx", ein schöner norddeutscher Begriff. „Häng ich mir im Keller auf, wenn ich den passenden Rahmen hab, aber da brauchst du ja so eine Folie, sonst bleicht die Sonne das aus, nech." – „Was bleicht die Sonne aus?", fragt sein Freund, während er das Kinn auf dem Krug belässt. „Die Hose von Idi Amin, du Spacken, die HOSEEE."

Die beiden nehmen einen Schluck, dann stoßen sie mit dem Paar aus Bayern an, das ihnen die ganze

Zeit zugehört hat. Es klingt jetzt wie ein Dialog zwischen Dittsche und Baby Schimmerlos. „Was machst nacha damit, mit dera Unterhosn vom Idi Amin? Ziahgst as o oda wos?“, fragt der Mann, während die Frau den Hamburgern nur halb widerwillig zuprostet: „Was soi i mit da Unterhosn vom Idi Amin? Der hat doch dausnd Menschn umbracht. Da daad i mi ja schama.“

Hilfe und Schutz II

Die Bedienungen, zuständig für den Bereich direkt vor der Kapelle, heißen Simone, Gitti und Gisela, sie haben Anstecker mit ihren Namen, sie rennen am ersten Tag los und kommen am letzten wieder zur Ruhe. Sie tragen das Bier und sie müssen darauf achten, dass sie sich keine Sehnenscheidenentzündung holen, dann könnten sie nicht mehr arbeiten. Sie tragen statt zehn Bier lieber sieben und laufen dafür dann zweimal.

Bewacht wird der Bereich von Security-Leuten mit Bulldoggen-Gesichtern, die nichts sagen, aber alles sehen. Wenn einer seinen Bürzel zu weit über die Brüstung hängt, ziehen sie ihn raus. Wer seine Hose runterlässt, wird von ihnen entfernt wie ein fauler Apfel aus dem Obstkorb. Ihre geschulten Augen filtern jeden blanken Arsch aus dem Gewühl. Die Security-Leute halten den Weg frei, damit die Bedienungen die Biere und Hühner tragen können. Sie würden sich vor die Bedienungen werfen, wenn einer aggressiv würde. Sie würden sie verteidigen wie die Löwin ihre Kinder, wie die Fußballer den Torwart, der im Fünfmeterraum angerempelt wird.

Dienstag sind eine Menge Franzosen da, die Bayern spielen gegen Lyon, und die Franzosen waren schon am Tag vorher angekommen, und wenn man sagen würde, sie fremdelten ein bisschen, hieße das, die Wahrheit sanft zu ummänteln. Die Franzosen essen Frösche, keine Hühner, sie lieben die beruhigende Röte des Bordeaux mehr als das leuchtende Gold des bayerischen Bieres. Sie lieben Edith Piaf. Edith Piaf hat ein Chanson gesungen, sozusagen die Mutter aller Chansons, es heißt „Milord“. Im Hacker-Zelt wird „Milord“ in einer Coverversion gebrüllt, wenn alles auf den Tischen steht.

„Dann hat das rote Pferd
sich einfach umgekehrt
und hat mit seinem Schwanz
die Fliege abgewehrt.“

Die Franzosen verstehen den Text wohl nicht, aber sie sehen viele Menschen, die auf den Tischen stehen und sich einfach umkehren und dann mit dem Arm einen Schwanz andeuten und mit der Hand eine Fliege. Und das alles zu Milord. Die Franzosen beobachten, wie die Menschen – auf Bänken stehend – zu roten Pferden werden. Danach fahren die Franzosen raus in die Arena nach Fröttmaning, fast hätten sie gewonnen, aber dann haben die Bayern das Spiel noch umgekehrt und mit einem Pass die Krise abgewehrt. Genau genommen war es ein Kopfball, mit dem sie die Krise abgewehrt haben, aber das Wort Kopfball passt nicht in ein Chanson von Edith Piaf.

Mitte der zweiten Woche redet schon keiner mehr von Beckstein, sondern nur noch jeder von Georg Schmid, dem Fraktionsvorsitzenden der CSU, der zu denen gehört, die Ministerpräsident werden wollen. Georg Schmid hat nicht viele Freunde im Festzelt. Er war für das Rauchverbot, und dass er, ein praktizierender Anhänger des fraternisierenden Handschlags, „Schüttelschorsch“ genannt wird, hat sich auch rumgesprochen. Die Wiesnbesucher aus dem Norden kennen Schüttelschorsch nicht, die Menschen in Bayern wollen nach einem Franken im Billiganzug jetzt wieder einen Ministerpräsidenten, der was hermacht. Sie wollen nicht diesen Georg Schmid, der aussieht wie, wie ...? Wie sieht er eigentlich aus? Die Runde, mit der ich am Tisch sitze, gleich beim Eingang, debattiert das Aussehen des Schüttelschorschs. Jemand sagt: wie ein schwuler Autoverkäufer. Der Vorschlag trifft auf Zustimmung. Ich finde, er sieht aus wie Ned Flanders, die jämmerlichste Figur aus den Simpsons. Ich schlage das jetzt vor, der Schüttelschorsch sieht aus wie Ned Flanders. Der Einwurf kommt glänzend an, jedenfalls bei denen, die sich mit Comics auskennen. Ein junger Typ mit Schirmmütze, der so aussieht wie der Schulbusfahrer Otto aus den Simpsons, hält mir die Hand high-five-mäßig entgegen. Wir trinken.

Nasse Menschen riechen wie nasse Hunde

Ernst Trojahn hat ein gewaltiges Tattoo am rechten Arm, er ist früher zur See gefahren, ein kurz geschorener, braun gebrannter Däne, schon Rentner. Er hat alles gesehen, aber jetzt sieht er nichts mehr. Nur noch Schatten. Eine Augenkrankheit, seit elf Jahren ist er praktisch blind. Ein Freund führt ihn durch das Zelt, an seinen Platz, sie kennen sich seit fünfzig Jahren, „wir waren Teenager, als wir uns das erste Mal gesehen haben, stell dir das vor." Wenn er lacht, klingt es rau und harzig, als steige das Geräusch vom Boden eines rostigen Bechers auf. Ernst Trojahn sagt, er riecht die Wiesn, er hört sie, natürlich hört er sie, er spürt die Vibrationen. Wenn irgendwo einer auf den Tisch springt, hat er eine Vorstellung davon, wie weit der von ihm weg ist. Er schreibt seinen Namen auf das Papier, weil er den Artikel gern hätte, seine Frau wird ihm das vorlesen. Er drückt die Buchstaben in den Block; wenn man einmal schreiben konnte, verlernt man das nicht mehr, sagt er, auch wenn man nicht mehr sehen kann, was man schreibt. Es hat angefangen

Gemütliche Zeiten

Als vergleichsweise ruhige Tage bzw. Abende gelten Montag bis Mittwoch und auch der Sonntagabend, wenn viele Gäste die Stadt schon verlassen haben. Besonders gemütlich ist die Wiesn mittags und nachmittags bei schönem Wetter, wenn man vor den Bierburgen im Freien sitzen und essen kann und auch die Fahrgeschäfte ruhigeren Betrieb haben. (Siehe Grafik des städt. Fremdenverkehrsamtes)

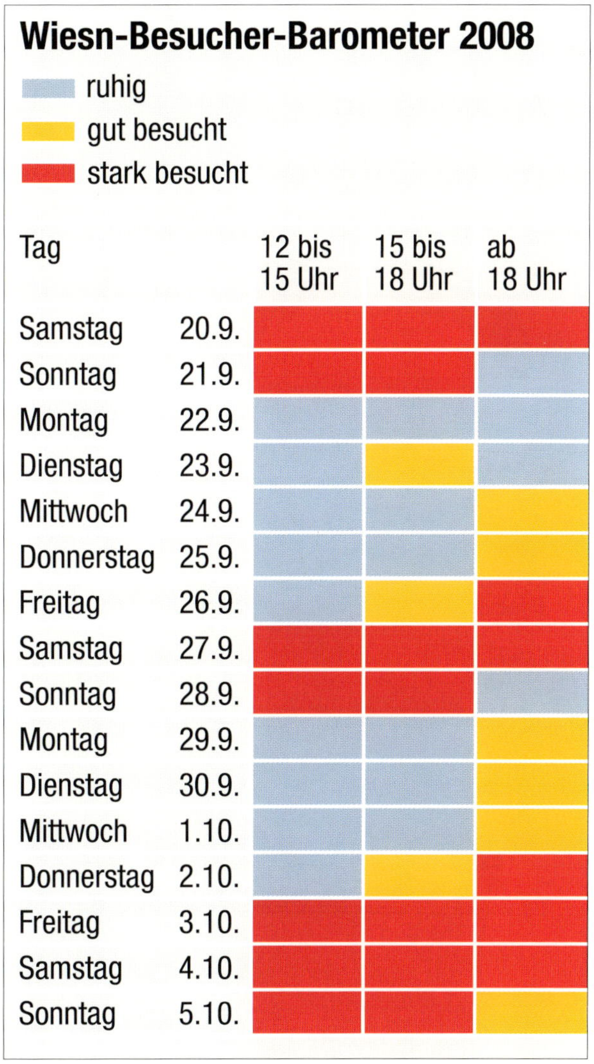

SO IN ZEHN, ELF JAHREN KÖNNTEN SIE WIEDER MAL AUFS OKTOBERFEST, HERR GERTZ...
Dipl. Psychiater
Prof. Dr. psych.
Siegmund Bernstein
Holger Schatzi

zu regnen. Als er kam, schien noch die Sonne, aber er merkt, dass es regnet, wenn neue Leute an den Tisch kommen. Nasse Menschen, sagt er, riechen ein bisschen wie nasse Hunde.

Auf der Wiesn bleibt keiner allein, habe ich irgendwo gelesen, aber das stimmt nicht. Auf der Wiesn kann man sehr allein sein, sobald man das Zelt verlassen hat. Die Außenwelt fängt gleich hinter dem Ausgang an. Auf dem kurzen Weg vom Hacker-Zelt zur U-Bahn Theresienwiese kommt man am Autoscooter vorbei, wo sich immer schon die einsamen Figuren gesammelt haben, solche mit Ballonseidejacken und dünnen Schnurrbärten, die sich in ein lächerlich kleines Rennauto setzen, um ihrem Mädchen zu imponieren, das am Rand steht und von einem Bein aufs andere tritt, weil es auf die Toilette muss oder fürchterlich friert oder beides. Über allem liegt wie eine dünne Decke diese blecherne Stimme der Einheizer, die überall gleich klingt, in allen Fahrgeschäften auf allen Volksfesten. Wenn man sich findet, dann im Zelt.

Gewinner, die wie Tröpfe aussehen

Wenn man sich trennt, dann vorm Autoscooter, oder etwas weiter nebenan, in der Bude, in der man Fußbälle in eine Torwand schießen kann. Es ist eine Bude, in der ausschließlich Jungs sich versuchen, und alle sehen hilflos aus, wenn sie Maß nehmen wie die Profis im Sportstudio, aber dann schießen sie wie Basti oder Mehmet aus der Vorstadt. Wie die Jungs, die sie sind. Wenn einer oft genug trifft, gibt es Goleo als Preis, das Maskottchen der Fußballweltmeisterschaft 2006. Sie verramschen hier die Restbestände des verzagtesten WM-Maskottchens aller Zeiten. Da draußen sehen sogar Gewinner wie Tröpfe aus, erwachsene Männer, die mit ihrem hart erarbeiteten Plüschlöwen auf dem nassen Pflaster stehen und auf ihre Freundin warten, die schon mal vorausgegangen ist und vielleicht nie wiederkommt.

Es klingt bestimmt absurd, aber so ein Festzelt kann ein Schutzraum sein, oder man kann sich einreden, es wäre einer, vor allem, wenn man einen Schutzraum braucht, und wer wollte bestreiten, dass das hier gerade die Zeit ist für Schutzräume. Wenn etwas vorbei ist, und es war nicht gerade Folter, ist man sentimental oder traurig. Traurigkeit geht tiefer. Man vermisst etwas, wenn man sich einmal daran gewöhnt hat, man vermisst sogar das Pressezentrum bei den Olympischen Spielen, wenn man drei Wochen darin gesessen hat, neben einem der Kollege aus Indien, rechts drei Stühle weiter der Ungar, der eine stöhnende Frau als Klingelton eingespeichert hatte. Man vermisst die kleinen Dinge, die Details, man behält Bilder in Erinnerung, die vollkommen unwichtig sind. Im Hacker-Zelt war schon am dritten Tag ein Luftballon zur Decke aufgestiegen, zum Himmel der Bayern, ein kleiner Bär, der auf die Horde da unten schaute. Ich hätte tagelang Zeit gehabt, nachzusehen, was aus ihm geworden ist, aber erst als das Zelt endgültig zu ist, fällt mir der Ballon wieder ein.

Am Eingang der U-Bahn-Station Theresienwiese steht ein alter Mann. Er war schon öfter da, er sammelt Flaschen oder Geld, er sieht zerzaust aus, und es stimmt, was der blinde Däne gesagt hat. Nasse Menschen riechen fast wie nasse Hunde. Der Mann war nur einmal auf der Wiesn, und da hat ihm eine Frau ein Lebkuchenherz geschenkt. Das hat er gleich gegessen. Wir stehen noch ein bisschen rum, die Lichter gehen aus, da hinten eins und da vorn, wie platzende Seifenblasen, jemand torkelt vorbei, und der alte Mann sagt: „Das war es?“ Das war es.

Dieser Beitrag von Holger Gertz erschien im Herbst 2008 im SZ-Magazin.

Ein Knochenjob

Aaaaniiiiita und Highway to Hell: Die Musiker in den Zelten sorgen gut zwei Wochen lang, bis zu neun Stunden am Tag, für Stimmung. Bei den „Heldensteinern" geht's dann weiter in Florida.

Wiesn-Musiker haben einen harten Job, einen knochenharten. So beginnen die meisten Berichte über die Kapellen in den Bierzelten. Knochenhart – das stimmt ja auch. Die „Heldensteiner", die seit 13 Jahren im Löwenbräu-Zelt für Stimmung sorgen, spielen von 12 bis 14 Uhr mit der kleinen Besetzung, das sind 13 Mann, dann von 15 Uhr bis Schlag 22.30 Uhr, nur mit einer halben Stunde Pause, also fast ohne Unterlass in der großen Besetzung mit 23 Mann, wobei es sich bei zwei Mann um Sängerinnen handelt. Und alles im Stehen, weil, so Kapellmeister Hansmaier, das besser rüberkommt. Jedenfalls sind das neun Stunden jeden Tag und das 16 Tage lang ohne Ruhetag bis zum Schlusslied am dritten Wiesn-Sonntag. Die Band denkt da vielleicht schon an Florida, genauer gesagt, an West Palm Beach, weil es da nach der Wiesn weitergeht. Und unsereiner mutmaßte, sie würden in ein Kloster oder in eine andere Entschleunigungsoase ziehen, um sich in Stille und Abgeschiedenheit zu erholen. Ein Wahnsinn.

Die Musik spielt ja eine ganz entscheidende Rolle in der Frohsinnsindustrie, auf dem Oktoberfest besonders. Das Bier erzeugt die innere Gestimmtheit, die Musik steuert und kontrolliert den Ablauf im Zelt, versucht es wenigstens, reißt die Besucher mit – auch körperlich, denkt man nur an den „Entntanz" oder das neuere Fliegerlied („I fliag, i spring, i schwimm usw."). Ein Oktoberfest ohne Musik, das wäre wie Bier ohne Alkohol, wie Sex im Alleingang. Sie schafft eine rituelle Gemeinschaft, Annäherung, Verbrüderung, wie man das von den afrikanischen Stammesvölkern her kennt. Die Art der Musik sorgt für die richtige Temperatur und Atmosphäre im Zelt, für Ekstase und dann wieder auch für eine gewisse Beruhigung, damit die schweißgebadeten Menschen frisches, kühlendes Bier zu sich nehmen oder sich über ein versalzenes Hendl hermachen können, was zusätzlich den Durst steigert.

So hält die Musik Leib und Seele zusammen, geschwollen gesagt: es gibt eine Kohärenz von Durst und musikalischer Beschallung, von Appetit und Bewegung, hervorgerufen durch musikalische Lautstärke, verursacht durch die Blaskapellen, die längst nicht mehr nur Blaskapellen sind. Keyboard, E-Gitarre, Schlagzeug gehören beispielsweise auch dazu. Es ist erwiesen, dass „Ein Prooosit der Gemütlichkeit" als Aufforderung verstanden wird, auszutrinken und eine neue Maß zu bestellen. Das Programm ist zeitlich geschickt abgestimmt und außerdem sind Wirte und Kapellmeister gut eingespielte Paare, ein Wink, ein Zuruf genügt, dann setzt musikalische Deeskalation ein. Dann kann einer vielleicht seinen Obatztn essen, ohne den Haferlschuh von einem tanzenden Tischnachbarn im Teller.

I don't know why she's leaving or where she's gonna go
I guess she's got her reasons but I just don't wanna know
'Cause for twenty-four years I've been living next door to Alice
Twenty-four years just waiting for a chance
To tell her how I feel and maybe get a second glance
Now I've got to get used to not living next door to Alice
(Smokie)

Allerdings erheben sich die Gäste gelegentlich über die Vorgaben, sprich ruhigeren Phasen der Musiker. Sie singen selbst einfach ohne Begleitung weiter. Manchmal, wenn ihnen eine Nummer nicht passt, auch gegen die Kapelle an. „Volare" versus „Defiliermarsch". Das wäre dann so, nur für den naiven Klassikfreund erklärt, dass Frau Netrebko einen Abend mit Mozart-Arien gibt, aber die Zuhörer haben den Mozart langsam satt und intonieren einen Gassenhauer von Puccini, sagen wir aus der bewährten La Bohème. Was würde da die schöne Anna N. tun? Wahrscheinlich würde sie beleidigt abbrechen. Bert Hansmaier, der Chef der „Heldensteiner" und Master of Ceremonies im Löwenbräu kennt das Problem, aber er weiß, vielleicht war es die falsche Nummer zur falschen Zeit. Im Zweifel gilt weiterspielen und durch. In der Not hilft der „Jail House Rock" von Elvis, „I can't get no Satisfaction" von den Stones oder der „Highway to Hell" von AC/DC. Das vereint Kapelle und Publikum wieder aufs Schönste.

Manchmal am Abend ist der Lärm im Zelt aber so groß, dass die Kapelle nicht mehr durchdringt bei den erlaubten 90 Dezibel. Die wirken dann wie ein leises Säuseln. Da wünschen sich die Kapellen schon ein paar Deziberl mehr. Vor allem die Italiener scheinen erst bei 100 aufzuwachen. Aber die Stadt hat es verboten, die Lautstärke ist von Amts wegen geregelt. Nachmittags, wenn ältere Semester und Familien da sind, rieseln Märsche, Polkas, Lieder wie „Mir san vom Woid dahoam" (was die Niederbayern freut), „Die Bergvagabunden", Schlager wie „Aaaniiiiita" oder „Er hat ein knallrotes Gummiboot" mit 85 Dezibel in die Gehörgänge. Die Tontechniker stellen die Verstärkeranlagen ein, städtische Kontrolleure machen Stichproben. Als Generationen verbindend könnte man den Ossi-Hit „Lebt der alte Holzmichl noch" bezeichnen, der sowohl nachmittags als auch abends in einigen Zelten zum Repertoire gehört, aber manche Bands mögen ihn nicht, oder bauen ihn höchstens einmal in so ein Potpourri des Grauens ein. Merke: Auch Wiesnkapellen haben manchmal ihre Schmerzgrenze, wenigstens in der Theorie.

Die Schmerzgrenze überschreiten musste ab und zu auch ein ganz Großer unter den Wiesn-Musikern. Otto Schwarzfischer (69) hielt über Jahrzehnte den Taktstock in der Hand, 2007 gab er ihn an Christian Sachs ab. Opa Wolfgang Schwarzfischer hatte die Kapelle 1924 gegründet. Im Schottenhamel-Zelt dirigierte er seit 1950, schon bald war auch der Enkel dabei. „Immer war musikalisches Fingerspitzengefühl gefragt. Du musst spontan auf dein Publikum reagieren können, eine ständige Gratwanderung", erzählte der Otto gern. Wobei er nicht über die Philharmoniker spotten wollte, die einfach auf Gedeih und Verderb spielen, was im Programmheft steht. Schwarzfischer sang, moderierte, heizte ein und behielt den Überblick über seine Männer. Früher plärrte er ihnen die Liederfolge zu, am Schluss benutzte er Taferln, das schonte die Stimmbänder.

Barcarole im Bierzelt

Ganz alte Musiker, die nur noch als stille Gäste auf die Wiesn gehen, erinnern sich an Zeiten, als es in den Zelten noch richtige Konzerte gab, mit Ouvertüre und Johann Strauß. Die Leute konnten und wollten sich halt unterhalten. In Horváths Oktoberfestdrama „Kasimir und Karoline" erfährt man, dass neben Märschen und Polkas auch mal die Barcarole aus „Hoffmanns Erzählungen" erklang. Erfunden hat die Wiesnmusik der Wirt Georg Lang, ein Nürnberger, der 1898 in seinem 6 000-Mann-Zelt eine vierzigköpfige Festkapelle aufspielen ließ und bereits die konsumfördernde Wirkung von Trinkliedern erkannte. Wer heutzutage leisere Töne von Biermusik hören will, dreht ein paar gemütliche Runden in der alten Krinoline. Da sitzt eine Combo, bestehend aus fünf alten Blechmusikern in einem Kabuff und intoniert gefühlvoll „La Paloma". Auch das kann selig stimmen.

Übrigens: Die Wiesn-Helden von den „Heldensteinern" sind allesamt Amateure. Der Chef ist jetzt Rentner, war Besamungstechniker, einer ist Zimmerer, einer Dreher, einer Instrumentenbauer, ein Malermeister ist dabei und der Betreiber eines Altenheims. Dazu kommen ein paar Bürohengste. Entstanden ist das Orchester aus einer 1987 gegründeten Jugendkapelle in Heldenstein bei Mühldorf. Es sind also vorwiegend jüngere Musikanten, deshalb stehen sie den Marathon auch im Stehen durch. Manche spielen mehrere Instrumente, insgesamt stehen fünf Trompeten, fünf Hörner und Posaunen, eine Tuba, ein Schlagzeug, E-Bass, Keyboards, Akkordeon, drei Saxophone, Klarinetten und eine Flöte für die Arrangements zur Verfügung.

Am meisten Applaus ernten die „Heldensteiner", wenn sie das getragene „Amazing Grace" vortragen, dabei spielen die Trompeter von der Empore herab Richtung Restorchester. Weitere Höhepunkte? Nun ja, einmal ist ein Trompeter kopfüber von der Bühne gestürzt. Nicht des Bieres wegen, sondern aus Übereifer, betont der Chef, der selbst vorwiegend Wasser trinkt und sich erst am Abend das eine oder andere kühle Bier gönnt. Insgesamt sei alles jünger und damit das Programm lauter und neudeutsch geiler geworden. „Mit einem Marsch brauchst am Abend nicht mehr kommen", sagt der Bert. Und was sind die Dauerbrenner im Programm? „Hey Jude" von den Beatles oder „So ein Wahnsinn" von Wolfgang Petry kommen immer gut. Und natürlich „I wui hoam nach Fürstenfeld" von STS.

Mit dieser Nummer hat übrigens 1984 alles begonnen. Da riefen die Zeitungen Fürstenfeld als Wiesn-Hit des Jahres aus. Von da an suchten und fanden sie immer einen, nicht immer zur Freude der Kapellen, die ihn – noch – nicht spielen konnten oder wollten. Folkloristisches gehörte immer dazu, es waren Ballermann-Importe und Eingängiges aus den Charts. Man erinnert sich an Erfolgreiche wie das „Hiatamadl" von Hubert von Goisern, an „Mambo Nr. 5" von Lou Bega oder an „Männer sind Schweine" von den Ärzten oder an das „54, 74, 90, 2010", die Fußballhymne der Sportfreunde Stiller. Zum Wiesn-Hit tauglich sind Lieder mit einer einfachen Melodie und einem Text, der auch noch nach drei schnellen Maß unfallfrei mitgegrölt werden kann. Ein bisschen Sentimentalität kann

zwischendurch nicht schaden. DJ Ötzi (das ist der mit dem Kaffeewärmer auf dem Schädel) liegt mit seinem „Ein Stern, der deinen Namen trägt, hoch am Himmelszelt, den schenk ich Dir heut Nacht" wieder einmal gut im Rennen. Sein „Anton aus Tirol", früher heiß begehrt und bis zum Erbrechen gespielt, ist inzwischen ziemlich out.

Die Wochen vor dem Fest sind für die Kapellen eine Zeit des Warmspielens. Die eine oder andere Nummer, die das Potenzial zum Hit haben könnte, wird einstudiert. Ob es klappt, ist eine andere Sache. Es hängt von der Reaktion des Publikums ab, sagen auch die Männer von der „Münchner Zwietracht", die im Hippodrom aufspielt. Probiert haben es schon viele, einen Oktoberfesthit zu schreiben. Natürlich auch der ortsansässige Schlageranfertiger Ralph Siegel, aber er ist, wie so viele Profi- und Amateur-Komponisten, gescheitert. Die Leute stiegen nicht auf die Bänke. Aktuell bietet sich vielleicht was zur Vogel-Schweine-Menschen-Grippe an, in etwa „Ju hu, ju hu, wir brauchen kein Tamiflu uuh uuh".

Besonders geistreich waren die Texte auch früher nicht. Zum Oktoberfest 1906 kamen Liedertexte zu den Musikpiècen heraus, gespielt von Georg Langs Original Oberlandlern. „Wir san nit von Pasing, wir san nit von Loam, wir san vo dem lustinga Menzing dahoam, jajahinum, herum, allerweil saudumm, dum-dum-dumm." Da kann auch der schon apostrophierte „Holzmichl" von den Randfichten aus dem Erzgebirge mithalten. Münchner Liedgut hat abends keine Chance mehr, es sei denn, es ist jüngeren Datums und beispielsweise von der Spider Murphy Gang („Schickeria", „Sperrbezirk"). Ulrike Zöller, Volkskundlerin aus dem Münchner Kulturreferat, hat auch eine Erklärung dafür: „Die Wiesn ist ein riesiger Dienstleistungsbetrieb für ein Weltpublikum". Soll heißen: Am besten kommt an, was alle kennen. Was viele mitsingen können.

Dann um halb elf ist plötzlich Schluss. Ein, zwei Minuten lang fürchtet der weithin nüchtern gebliebene Betrachter, jetzt werden sich alle vor Wut die Kleider vom Leibe reißen, die Musiker als Geiseln nehmen oder das Zelt samt Inventar anzünden, aber die Massen ziehen ab, gleich nach Elf herrscht gespenstische Ruhe. Ein paar Unentwegte ziehen noch weiter zum Käfer oder ins Weinzelt, die anderen denken an morgen. Da geht es ja weiter. Für den Schlusstag, den 3. Sonntag, haben die Kapellen besondere Abschiedslieder vorbereitet. (Die großen Kapellen sind da an die 80 bis 100 Kilo leichter und an die 100 000 Euro und mehr schwerer). Die „Zwietracht" spielt traditionell die Hymne „Gott mir Dir du Land der Bayern", danach kommt nichts mehr. Im Hacker-Zelt ertönt „Il Silenzio", bevor Stille eintritt. Walter Bankhammer und seine Männer vom Schützenzelt spielen von Rainhard Fendrich „Weil'st a Herz hast, wia a Bergwerk". Dazu wird das Licht heruntergedreht, und Feuerzeuge und Sterndlwerfer verbreiten romantische Abschiedsstimmung. Die „Heldensteiner" vertrauen seit Jahren auf die Beatles. „Let it be" erklingt zum Schluss. Da hat so mancher Tränen in den Augen ... *fi*

Lautstärke

In den Wiesnzelten sind Lautstärkebegrenzer eingerichtet. Bis 18 Uhr darf von den Kapellen nur „nicht aufheizende Musik" (Auszug aus dem Maßnahmenkatalog des Arbeitskreises zur Sicherheit der Wiesn) gespielt werden. Der Schallpegel darf tagsüber 85 Dezibel nicht übersteigen.
Ab 18 Uhr sind 90 Dezibel erlaubt. Der Lärm in den großen Zelten erreicht dennoch bis zu 93 Dezibel. Dazu tragen die feiernden Besucher bei.

Klangliche Opulenz

Die Kunst der Fügung nach der dritten Maß: das Orchester im Hofbräuzelt.

Oft sind es die vermeintlich kleinen Stücke, an denen große Ensembles sich messen lassen müssen – und durch die sie nicht selten entlarvt werden. War es Claudio Arrau, der einmal sagte, den wirklichen Pianisten erkenne man am „Fröhlichen Landmann" und nicht an der „Appassionata"? Nun, bei Bierzelt-Orchestern ist es nicht anders. Wer sich von ihrer derzeitigen Verfassung ein Bild machen will, sollte sich nicht ihre grandios auftrumpfenden Schunkel-Suiten anhören, sondern ihre Petitessen, zum Beispiel das immer wiederkehrende „Ein Prosit der Gemütlichkeit".

Es zählt zur Gattung der Bagatellen (der Streit, ob es den Impromptus beziehungsweise den Moments musicaux zuzurechnen ist, dürfte seit Adornos beißend-kluger Erledigung „Banalität und Form" ohnedies keiner mehr sein): Ein achttaktiges Gebilde, das durch eine Schlusskadenz auf neun Takte erweitert wird und das in schlichtem Pathos vom Nutzen des Zutrinkens handelt. Die „Plattlinger Isarspatzen", die in der ausverkauften Hofbräu-Festhalle gastieren, interpretieren das „Prosit" ohne die andernorts manchmal zu hörende klangliche Opulenz. Will sagen: Den strahlenden Bläserklang verweigern natürlich auch sie nicht, doch sorgt ein leidlich straffes Tempo für Schlankheit, ja Eleganz. An zwei Elementen wird dies deutlich, zum ersten an den durch die Oktave des vierten Taktes hurtig, ma sempre portato absteigenden Bässen, zum zweiten an der erwähnten Schlussfloskel („der Gemüatlichka-ha-ha- ha-heit"), die von den meisten Ensembles unerträglich „ausgewalzt" (H. H. Stuckenschmidt) wird. Bei den „Plattlinger Isarspatzen" kommt sie mit leichtem Ritardando, dabei jedoch stringent und aufs Ende gerichtet. Der Szenenapplaus und die willig gehobenen Maßkrüge mögen dem Orchester und Maestro Sebastian Neumeyer Belege dafür sein, dass sie „richtig liegen" (J. Kaiser).

Dass Neumeyer solche Stärken pflegt, erweist ihn noch im Nachhinein als die richtige Wahl für die „Isarspatzen". Der Dirigentenposten war ja sehr umworben. Wie erinnerlich, interessierte sich sogar Sergiu C., damals noch wenig beachtet, für das Amt. Neumeyers und der „Isarspatzen" Glück war es, dass C. beim Probedirigieren Bruckners Achte auflegte und man gewissermaßen aneinander scheiterte. Auch im Hofbräu-Zelt also – eine Geste an den Neu-Münchner C.? – kein Bruckner im Programm. Dafür das „Hiatamadl" Ludwig van Goiserns, das in seiner weltzugewandten Heiterkeit an Hubert von Beethovens Siebte erinnert und in der Darstellung folglich dem Dionysischen verpflichtet sein sollte. Es muß nicht betont werden, dass die „Isarspatzen", einer Forderung A. Einsteins folgend, „voll die Sau rauslassen".

Ebendiese vermisste man bei einem Stück, das zu sehr bekannt ist, als dass es ohne profilierende Nuan-

Besuchen
Zum Franziskaner
MUSIKANTEN

Maestro Kent Nagano bei der Probe für das Wiesn-Jubiläum mit der Kapelle des Schützenzelts.

cierung noch hingenommen würde. Wir meinen den Choral „In München steht ein Hofbräuhaus" aus der zu Recht vergessenen Kantate „Sitzen, Winken, Zahlen, Trinken" eines Rheinberger-Schülers. Man hat schon mehrmals darauf hingewiesen, dass gerade die als stimulierend geltende Stelle „Oans, zwoa, gsuffa" stets Gefahr läuft, in schierer Walzerdumpfheit zu versacken. Leider schafften es auch die „Isarspatzen" nicht, das Werbende, Drängende dieser Passage herauszuarbeiten. Die Strafe ließ nicht auf sich warten: Das unmittelbar danach ausgebrachte „Ein Prosit" war praktisch verschenkt. Beim „Kufstein-Lied" hingegen stand das Orchester wieder auf der Höhe seiner gestalterischen Möglichkeiten. Es gibt da im Refrain ein paar Takte, wo mit einem lautmalerischen „Holleriholleridulljäh" die Seele Tirols beschworen wird. Neumeyer macht nach dem „Holleriholle-" eine winzige Pause, ein Sechzehntel oder noch weniger, um sich ins „-reidulliäh" dann förmlich hineinfallen zu lassen. Wer Ohren hat, zu hören, dem kommen auch die Assoziationen: Kaisertal, T. Sailer, Schlutzkrapfen. So kann, so muß große Musik interpretiert werden.

Manches wäre noch anzumerken, insbesondere über das Phänomen der „musikalischen Schichtung" (K. Stockhausen), das sich, je später je mehr, im Zelt ereignet. Was ist gemeint? Nun, da spielen zum Exempel die „Isarspatzen" das in seiner Motorik an Bartók gemahnende „Ja, mei Gaul", als auf der Empore plötzlich der Chor der Glatzen mit „Oana geht no" einfällt, während in der Nähe des Toilettenausgangs drei sturzvolle Italiener „Olé, oléoléolé" skandieren. Zufall? Man will nicht recht daran glauben, und tatsächlich ist man nach drei Maß dem Geheimnis nahe. Dann nimmt man das Gemisch als Ganzes wahr: polyrhythmisch, aber doch irgendwie eins – work in progress, die Kunst der Fügung. Ein großer Abend? „Si e no", pflegte Arturo Toscanini in solchen Fällen zu sagen, und dem schließen wir uns an: Ja und nein. *us*

Bier Royal

Bussi hier, Bussi dort – wenn Promis auf das Oktoberfest gehen, werden die VIP-Boxen zur Partyzone und Selbstdarstellungsbühne.

Es ist immer etwas peinlich, wenn am Ende des Oktoberfestes das Münchner Tourismusamt triumphal verkündet, es hätten mal wieder sechs Millionen Menschen die Wiesn besucht. Toll, denkt man zunächst, sechs Millionen, das ist schon was! Das ist eine imponierende Zahl, die die Brust mit Stolz erfüllt, zumal man ja selbst zum Erfolg beigetragen hat, und zwar nicht zu knapp. Jeden Tag war unsereins, natürlich nur zu Recherchezwecken, auf der Wiesn unterwegs, also insgesamt sechzehn Mal, und der Huber Schorsch aus Pasing war als Experte auch immer dabei. Wir zwei haben die Besucherzahl ganz schön hochgetrieben, oder? Ohne unseren selbstlosen Einsatz hätte das Oktoberfest nur 5 999 968 Gäste gehabt, das ist schon weniger eindrucksvoll. Und wie zuverlässigen Quellen zu entnehmen ist, gibt es eine beachtliche Dunkelziffer von Leuten, die es beinahe täglich hinaustreibt, mal mit der Firma, mal mit der Familie, dann nochmals mit der Firma, die aber, wie es der Teufel will, nur durch eine Kollegin vertreten ist. Stimmt folglich die Statistik gar nicht? Sind es in Wirklichkeit weniger Besucher, weil es Doppelt-, Dreifach- und Sechzehnfachzählungen gibt?

Ehe nun die üblichen Nörgler ihr Haupt erheben, um das größte Volksfest der Welt kleinzureden, hier eine Klarstellung: Das Tourismusamt ist als akkurate Behörde über jeden Zweifel erhaben. Selbstverständlich zählt das amtliche Oktoberfestbesucherzählpersonal jeden Gast nur einmal. Dieser wird, ohne dass er es merkt, in eine Namensliste eingetragen, und wenn beispielsweise der Huber Schorsch auftaucht, wissen die Oktoberfestbesucherzähler, aha, der Huber Schorsch, der war gestern schon da, den brauchen wir nicht mehr mitzurechnen. Es bleibt dabei: Sechs Millionen Besucher, und keiner weniger.

Dies nur, um die Wiesnverächter, die es leider auch in München gibt, in die Schranken zu weisen. Im Übrigen ist das Herumprotzen mit Rekordzahlen ein Unfug, der dem im Grund exklusiven Charakter des Oktoberfestes nur Schaden zufügt. Denn was, mit Verlaub, sind tausend Huber Schorschs gegen einen Boris Becker? Und natürlich kann auch ein ganzer Reisebus des Katholischen Frauenbunds nicht das bieten, was ein einziger Auftritt von Paris Hilton im Hippodrom zu leisten vermag: nämlich München als glamouröser Hotspot in die einschlägigen Gazetten zu bringen. Man muss den Oktoberfestbesuch qualitativ deuten, die quantitative Beurteilung ist nur etwas für Erbsenzähler. Um es ohne Umschweife zu formulieren: Die Wiesn ist nur deshalb das tollste Volksfest des Universums, weil dort scharenweise Promis ihr Bier trinken. Das unterscheidet das Oktoberfest fundamental von Konkurrenzveranstaltungen wie der Truderinger Festwoche oder dem Filmfestival in Cannes. In Trudering gibt es Bier ohne Promis, an der Côte d'Azur Promis ohne Bier. Beides zusammen findet man nur auf der Wiesn, das macht sie ja so einzigartig.

Wohlgemerkt, wir sprechen bewusst vom „Promi", denn das ist der vorherrschende Typus auf dem Gesellschaftsparkett der Theresienwiese. Anders als der Prominente, der durch hochnoblige Herkunft (König, Prinzgemahl) oder zumindest eine fulminante Lebensleistung (Nobelpreisträger, Klaviervirtuose) herausragt, ist der Promi ein Mensch, der, wie Heinrich Heine es einmal formuliert hat, „durch seinen Ruhm allgemein bekannt" ist. Das heißt, beim Promi weiß man nie so recht, warum er eigentlich berühmt ist. Aber genau das macht ihn weitaus interessanter als den doch eher ermüdend seriösen Prominenten, denn es ist eine kaum zu unterschätzende Leistung, als Nebendarsteller einer TV-Vorabendserie, als Frisör, Koch, Brustvergrößerungspapst oder Unterhosenmodel ins Rampenlicht der Weltöffentlichkeit zu gelangen. Was die weiblichen Promis betrifft, so entstammen sie meist dem Mode-, Moderatorinnen- und Millionenerbinnen-Milieu, auch Promi-Gattinnen sind darunter sowie Kundinnen von Promi-Frisören, Promi-Brustvergrößerungspäpsten oder von beiden. Die wichtigsten VIPs aber erkennt man am Präfix „Ex". Wer seine besten Zeiten hinter sich hat, wer Ex-Tennisstar, Ex-Torwarttitan oder Ex-Hitparadenstürmer ist, wer als Ex-Schönheitskönigin, Ex-Playmate oder Ex-Geliebte eines Ex-Tennisstars durchs Leben geht, zählt zur Crème de la Crème der Wiesn-Society und macht das Oktoberfest zum exquisiten Ereignis.

Es darf als bekannt vorausgesetzt werden, dass die Vertreter dieser Spezies, deren Reservate sich vorzugsweise in Bogenhausen, Grünwald oder am Starnberger See befinden, sich mit dem so genannten Bussi willkommen heißen. Dieses Verhalten entstammt der Lebenswelt der Murmeltiere, die zur Begrüßung Wangen und Nasen aneinander reiben, um eine Art Duftkontrolle vorzunehmen; in vorgeschichtlichen Zeiten haben die Neandertaler das Ritual als Zeichen friedlicher Koexistenz übernommen, und später hat es der Homo sapiens zum Liebes-, Judas- oder sozialistischen Bruderkuss kultiviert. Zur Vollendung gelangte der Murmeltiergruß aber erst in München, wo man ihn zum „Bussi" weiterentwickelt hat, das in gehobenen Kreisen als Erkennungszeichen eingesetzt wird, aber auch bei der Duftkontrolle oder als Judaskuss wertvolle Dienste leistet.

Wohltätige Damen

Man kann die diversen Varianten (Links-rechts-Bussi, One-touch-Style, Spitzmaultechnik etc.) etwa bei der „Damenwiesn" studieren, zu der die als „Mietwagenlady" bekannte Regine Sixt seit 1989 lädt. Society-Fotografen, die ihr Archiv mit Bildern wichtiger Frauen vervollständigen wollen, müssen da einfach dabei sein. Wo sonst findet man sie alle zusammen, noch dazu in Dirndln gehüllt, deren Spielarten von edelsten Neuinterpretationen der traditionellen Kellnerinnen-Montur bis hin zu kühn dekolletierten Pflück-mich-Kreationen reichen? Unvermeidliche Society-Münchnerinnen wie Uschi Glas oder *Bunte*-Chefredakteurin Patricia Riekel gehören zum erlauchten Kreis der Geladenen, die kühle Tatort-Kommissarin Maria Furtwängler, Sunnyi Melles, Vicky Leandros, die Prinzessin zu Hohenlohe, na klar, Verona Pooth, die clevere Dummchen-Darstellerin, darf auch nicht fehlen, und dann wären da noch ... nein, es sind schlichtweg zu viele. Mittlerweile sind es mehr als 700 Damen, die, übrigens zu wohltätigen Zwecken, sich solange mit Maßkrügen und Hendlhälften in Positur werfen, bis das letzte Foto geschossen ist. Danach gilt es abzuwägen, ob man bei Bier und Bratenfett bleiben soll, oder ob es nicht doch vernünftiger wäre, wieder zur Trennkost zurückzukehren und selbst das „Prosit

...UND DER SOLL MAL DER BUMM-BUMM-BORIS GEWESEN SEIN!!

Der frühere Tennis-Spieler Boris Becker mit seiner jetzigen Frau Sharlely Kerssenberg und Estefania Küster 2008 im Käferzelt

der Gemütlichkeit“ mit einer Maß Mineralwasser zu begehen. Vertraulichen Berichten unserer V-Leute zufolge verbringen die Damen den Rest des Tages mit Ratschen, Lästern und Strippenziehen. Selbstverständlich zelebriert man auch das Bussi-Ritual, und zwar so intensiv, dass am Ende die Wangen glühen. Noch Tage danach können versierte Beobachter an der Färbung der Gesichtshaut erkennen, wer an der Damenwiesn teilgenommen hat.

Es möge sich niemand darüber lustig machen. München ist an Regine Sixts Ladies' Day der Mittelpunkt der Damenwelt, wodurch die Stadt, neben dem Zugewinn an Glamour, auch in frauenpolitischer Hinsicht Punkte sammelt. Wenn es überhaupt was zu bekritteln gibt, dann ist es das mangelnde Traditionsverständnis der Damen, was den Bierkrug betrifft. Er ist nämlich, Männer wissen das, nicht nur zum Trinken da. Seit Jahrhunderten hat er sich bei Bierzeltschlägereien bewährt, aber sehr zum Leidwesen der People-Fotografen halten sich die Society-Ladies in diesem Punkt zurück.

Eine nennenswerte Gegenveranstaltung der Männer, die es mit der Strahlkraft der Damenwiesn aufnehmen könnte, gibt es nicht, zumal auch der „Gay Sunday“, die Schwulen-Fete in der Bräurosl, durch die Anwesenheit von Lesben gewissermaßen verwässert ist. Ohnehin ist das eher volkstümliche Bräuroslzelt in puncto Promis eher ein Nebenschauplatz, die Hauptbühnen des Schaulaufens sind die Käfer-Schänke, das Hippodrom und das Schützen-Zelt. Doch, doch, auch Edi Reinbolds Schützen-Festhalle zu Füßen der Bavaria ist ein aufs Erfreulichste an die fürstlichen Ursprünge des Oktoberfestes gemahnender Ort, den man am Eröffnungstag nicht ohne das „Genealogische Handbuch des Adels“ betreten sollte. Die Sause, der sich die noble Gesellschaft hier nach dem Anstich am Mittag hingibt, hat ein morgendliches Vorspiel bei Tiffany's in der Residenzstraße. Tiffany-Chef Wolfgang Bierlein, der „Wolfi“, wie er unter Brüdern und Schwestern heißt, bewirtet seine Gäste zum Vorglühen mit Weißbier, ehe es unter großer Anteilnahme der Klatschreporter ins Schützenzelt geht. „Breakfast at Tiffany's“ lautet der Titel der hochkarätigen Wiesnparty, bei der so viele Freifrauen, Fürsten und Prinzen zugegen sind, dass selbst Zaungäste ihre Maß nur noch mit abgespreiztem kleinen Finger zu halten wagen. Vor allem jüngere Söhne und Töchter aus gutem Haus geben sich hier dem Biere hin, aber auch reifere Persönlichkeiten erweisen Wolfi, dem souveränen Maître de Plaisir, die Ehre: Zum Beispiel Alexander Fürst zu Schaumburg-Lippe alias „Fürst Schaumi“, dessen Trachtenjanker nach einem alten Gemälde geschneidert ist, auf dem auch Kaiser Franz Joseph posiert.

Bussi, Bussi mit Fürst Schaumi

Jedes Jahr kommt es zu herzzerreißenden Tragödien, wenn Menschen, die sich der Teilnahme für würdig halten, abgewiesen werden müssen – ein schwerer, wenn nicht vernichtender Schlag für das Selbstbewusstsein. Man könnte auf die – selbstredend abwegige – Idee kommen, manche Leute kaufen extra einen Kluncker bei Tiffany's, um wenigstens einmal im Leben auf der Gästeliste zu stehen. Was für Lustbarkeiten kämen da auf einen zu: Bussibussi mit Fürst Schaumi, ein Stamperl von Wolfis Hausschnaps, Höllehölle-Rufe mit denen zu Hohenlohe und zu Oettingen, womöglich Gespräche über gesellschaftlich weiterführende Adoptionen und Einheiratungen in Familien von Geblüt – ach, es ist ein Glück, dass man es in Bayern mit der Abschaffung der Feudalgesellschaft seinerzeit nicht übertrieben hat.

Gegen Wolfis Wiesnauftakt kann der offizielle Anstich beim Schottenhamel nicht anstinken, dazu ist die Anzapf-Zeremonie zu kurz und zu wenig glamourös. Auch fehlt es dem anschließenden Treiben auf der Prominenten-Empore an Noblesse, denn hier nippt kein Prinzesschen am Hausschnaps, sondern lokale CSU-Granden beißen in Handwürste und Radi, während die Ratsherren und -damen der SPD meist bemüht sind, die naturwüchsige sozialdemokratische Zerknirschung trinkend zu überwinden. Am Künstlertisch präsentieren die Schauspielerinnen Michaela May und Jutta Speidel ihre brav gestalteten Mittagsdirndl, während Grünen-Chefin Claudia Roth so knallbonbonfarben daherkommt, dass sie als Sennerin in Disneys Entenhausen arbeiten könnte. Ansonsten konzentriert sich alles auf die spannende Interaktion zwischen Ministerpräsidenten und Oberbürgermeister, die in zentraler Position am Geländer sitzen. Der Oberbürgermeister ist seit Menschengedenken Christian Ude, der bayerische Ministerpräsident wechselt neuerdings häufiger. Am schönsten war es, als Ude Aug' in Aug' mit Edmund Stoiber zusammensaß und beide so aussahen, als wollten sie schleunigst raus – Ude aus seiner Lederhose und Stoiber aus dem Bierzelt. Ausgeschlossen, hier die Flucht zu ergreifen! Die Anstich-Zeremonie mit anschließendem Umtrunk ist ein Staatsakt, dessen Bedeutung der Salvatorprobe auf dem Nockherberg zumindest gleichkommt. Ohne diplomatisches Geschick ist man in der Ratsbox verloren, wie das Beispiel der Ministerpräsidentengattin Marga Beckstein zeigt, die beim Anstich 2008 eine Staatsaffäre auslöste, weil sie, die Fränkin, sich weigerte, ein oberbayerisches Dirndl anzulegen. Becksteins Niedergang wurde durch „Dirndl-Gate" in kaum zu unterschätzender Weise beschleunigt.

Andere wissen, was sich gehört, werden aber trotzdem von der Kritik verrissen. Als der Ex-Daimler-Boss Jürgen Schrempp einmal in einer kurzen Krachledernen samt heruntergerollten Bergsteiger-

Perfekt gekleidet für den Wiesn-Abend

socken, Timberland-Boots und einem sackartigen Trachtenjanker zum Wiesnbummel antrat, hagelte es spöttische Kommentare von Ignoranten, die den Avantgarde-Charakter der Wiesn verkennen und zudem übersahen, dass Schrempp im Hippodrom zu feiern beliebte. Das Hippodrom, in dem sich früher eine Pferdereitbahn befand, ist mittlerweile ein Käfig für Paradiesvögel jeglicher Art. Einige davon sind in München so weltberühmt, dass sie sogar der Türsteher des P 1 durchlassen würde. Hippodrom-Chef Sepp Krätz, der ungefähr so kamerascheu ist wie Verona Pooth, gilt als Wiesn-Visionär, dem es als Ersten gelungen ist, ein traditionelles Bierzelt in eine Partyarena zu verwandeln. An seiner Champagnerbar und in der Hausbox ist die Promidichte so hoch wie die Paparazzidichte, es ist ein gegenseitiges Geben und Nehmen. Der Paparazzo kriegt seinen Schnappschuss, und der Promi muss lediglich einen Maßkrug stemmen, um seinen Ruhm wieder aufzufrischen. Boris Becker, der Ex-Leimener und Ex-Weltranglistenerste, weiß diesen Vorteil zu nutzen, er kommt gerne ins Hippodrom, in einem Jahr mit Caroline, im nächsten mit Sandy, auch mit Heide, Lilly oder Michelle – getreu seinem Motto: Man kann nicht mit allen Frauen auf die Wiesn gehen, aber man muss es versuchen.

Sepp Krätz umgarnt sie alle mit Hingabe, die Weppers, die Klitschkos, die Gottschalks, die Netzers, und mittlerweile ist es schon so, dass auch ein Nobody zum Promi avanciert, sobald Krätz ihn mit seiner Aufmerksamkeit adelt. Auch verdankt die Wiesn dem Hippodrom-Wirt einen der größten Tage ihrer Geschichte. Man schrieb den 25. September 2006, und wer dabei war, zehrt ein Leben lang davon: Eine schwarze Hummer-Stretch-Limousine fährt vor das Festzelt, ihr entsteigt eine junge Dame mit Gretchenzöpfen und Mega-Sonnenbrille, gehüllt in ein goldfarbenes Dirndl. Es ist Paris Hilton, die weltweit bedeutendste Hotelerbin und Vollblondine. Bitte, der Münchner ist mit Boris oder den Wepper-Brothers praktisch per du, aber das Fräulein Hilton ist doch noch eine andere Liga, die spielt ganz oben mit, und deshalb haben sich einige hundert Gaffer am Ort des Geschehens zusammengerottet, dazu Fotografen sonder Zahl, Kameraleute und Bodyguards. Paris Hiltons Weg wird mit Fäusten heroisch freigekämpft, aber offenbar nicht so formvollendet, wie es die anspruchsvolle Dame erwartet.

Die Goldmarie schwirrt ab

Am nächsten Tag wird man in der Presse lesen, sie habe einige ihrer Leibwächter auf der Stelle gefeuert. Man muss das verstehen, die Hilton-Tochter ist halt ein wenig genervt, weil ihr die Tourismus-Chefin Weishäupl, die „eiserne Wiesn-Lady" (Abendzeitung), zuvor verboten hat, ihren Werbefeldzug für „Rich Prosecco" auch auf dem Oktoberfest zu führen. Drinnen im Hippodrom ist aber alles wieder in Ordnung, man hält ihr das Volk vom Leib, und der Gemütlichkeitspegel steigt. Fröhlich knabbert sie an Radi und Hendl, sogar am Bier nippt sie kühn und spült das Gebräu mit Cola light hinunter. Nach einer knappen Stunde schwirrt die Goldmarie ab durch den Hinterausgang, der vorgesehene Wiesnbummel unterbleibt leider – er hätte das Fest zusätzlich geadelt. Die Bühne ist wieder frei für die gewöhnlichen Hausboxenluder.

Schade auch, dass Paris Hilton nicht noch die Käfer-Schänke beehrte, es wäre das Sahnehäubchen gewesen. Andererseits kann Wirt Michael Käfer den Ausfall locker verkraften, auch ohne die Selbstdarstellungsvirtuosin ist die Almhütte de luxe mit Promis sämtlicher Güteklassen prächtig bestückt. Schon das schwedische Königspaar hat sich hier amüsiert, ebenso Albert II., der Fürst von Monaco, sowie Franz Beckenbauer, der Kaiser von Monaco. Zudem ist das vom Plebs leicht abzuschottende obere Stockwerk das artgerechte Revier für Bussi-Bären beiderlei Geschlechts. Der Dresscode lautet anything goes, man trägt geblümte Sakkos zur Hirschledernen, zu Hemden umgeschneiderte Mehlsäcke, Pumps zu Geierwally-Kostümen, Wildleder-Minirock samt Trachtenmieder, überhaupt wegweisende Kreationen, mit denen sich München als Modemetropole zurückgemeldet hat und mittlerweile auch stilbildend für zentralaustralische Gäste geworden ist. Am imponierendsten aber nutzen die Celebrities das modische Experimentierfeld, und wenn der Partyveranstalter Philip Greffenius zu seinem „Almauftrieb" ruft, ist die Hütte voll mit aufgebrezelten Stadtblondinen wie Giulia Siegel und Verena Kerth und den dazu passenden Societysöhnen, für deren Hirschhornknöpfe am Trachtenjanker ganze Herden ihr Leben lassen mussten.

Man merkt eben, dass beim Käfer phantasievolle Leute verkehren, Menschen, die tagsüber Nadelstreifen tragen und sich abends als Pfingstochsen verkleiden. Überhaupt ist die Schänke bei Künstlern beliebt: Die Constantin-Filmleute unter der Regie von Bernd Eichinger lassen es hier krachen, ebenso die Schauspieler Mario Adorf und Uwe Ochsenknecht sowie, als Vertreter der bildenden Kunst, der Schönheitschirurg Werner Mang („Nasen-Mang"). Es ist die Käfer-typische Melange aus Edelgastronomie und Hey-Baby-Brüllermusik, die alle verzaubert. Wer übrigens eine der Zwölf-Liter-Champagnerflaschen ordert, könnte leicht als Parvenü verdächtig werden; der erfahrene Promi lässt sich volkstümlich mit einer Maß ablichten. Den Fußballmillionären des FC Bayern hat man das auch beigebracht, zudem erscheinen sie zur Vereinsfeier in der Käfer-Schänke in einem Spezialdress für die dritte Halbzeit, dessen wesentliche Komponente die Lederhose ist. Naturgemäß sehen Kicker aus Brasilien oder Afrika am besten darin aus. Bei einem wie Schweinsteiger muss hingegen die Freundin den Mangel an Eleganz wettmachen. Egal, die Trainingseinheit beim Käfer dokumentiert Nähe zu den Fans, auch wenn diese nicht zugelassen sind. Zum Leidwesen der Bayern-Bosse hat sich die Stadt bisher nicht imstande gesehen, das Oktoberfest in den Mai zu verlegen, mithin in eine Zeit, in der man die Meisterschaft feiern oder die verpasste Meisterschaft runterspülen könnte. Vermutlich steht der Blockierer ganz an der Spitze, der Oberbürgermeister Ude bekennt sich ja unverhohlen zum TSV 1860.

Hoffen auf Diskretion

Käfers Jodlerhütte ist auch deshalb ein magischer Ort, weil sie, anders als die übrigen Bierzelte, bis ein Uhr geöffnet ist. Der Promi-Gigolo hat folglich zwei Stunden länger Zeit, die rituellen Bussis nach Murmeltierart so offensiv zu gestalten, dass sie wie von selbst in ordnungsgemäße Küsse münden. Wenn das Bier die Hemmungen lockert, wenn Champagner ins Spiel kommt und die Dekolletés immer verheißungsvoller werden, wenn kollektiv die Frage gestellt wird: „Who the fuck is Alice?" – dann kann es schon passieren, dass der Abend nach dem Vorbild der Goetheschen „Wahlverwandtschaften" verläuft, in denen ja Männer und Frauen zueinander finden, die teils anderweitig verheiratet sind. Das sind die wenigen Momente, in denen der Promi keine Kamera in seiner Nähe wünscht. Das wiederum verbindet ihn mit dem normalen Wiesnbesucher, der auch mal auf Abwege gerät und in solchen Fällen auf Diskretion hofft. Sollte doch etwas aufkommen, wären die Beteiligten gut beraten, die Sache nicht zu hoch zu hängen. Alles halb so wild, man muss die Wiesn nur richtig interpretieren: Sie ist eine Spielart des Faschings, was man ja schon an den lustigen Kostümen sieht. Und im Fasching ist alles erlaubt. *wg*

Holz vor der Hüttn

Das Dirndl macht fast jedes Frauenzimmer fesch, ob seine Trägerin aber eine Partie ist, stellt sich erst später heraus. Auch in Lederhosen können Enttäuschungen warten.

Es ist ja kein Geheimnis: die männliche und die weibliche bayerische Tracht betonen die wichtigsten Körpermerkmale bei Mann und Frau. Bei den Lederhosen sind die großen, oft bestickten Hosentürl ein eindeutiger Hinweis, bei den Dirndln werden die weiblichen Proportionen, Taille und Hüfte, hervorgehoben und sie bringen vor allem den Busen besonders zur Geltung. Selbst einem ruhigen Zeitgenossen wie Toni Roiderer, dem Sprecher der Wiesn-Wirte, ist das aufgefallen. „Die Wiesn ist sexy geworden, es ist nicht zu übersehen. Die Striptease-Vorführungen von auswärtigen Gästen in den Zelten sind aber gottseidank weniger geworden", gestand er in einem der zahllosen Interviews, die so ein wichtiger Mann im Münchner Herbst ständig geben muss. Ins Detail ging er nicht, so etwas liegt dem Roiderer nicht.

Das machen für ihn die örtlichen Boulevard-Zeitungen, die sich auf Wiesn-Besucherinnen mit großer und gut sichtbarer Oberweite spezialisiert haben. Solche Oberweiten finden sich überall auf dem Gelände, aber besonders zahlreich und druckreif in gewissen Boxen der großen Zelte, bei Käfer, im Weinzelt und natürlich im Hippodrom, wo Gastgeber Sepp Krätz über ein geschultes Auge verfügt. Ein schönes Dekolleté, ein Mordsbalkon, wie es anerkennend aber auch ein wenig respektlos heißt, führt kerzengerade zu freigehaltenen Plätzen im VIP-Bereich. Der landestypische und eindeutig respektvolle Ausruf angesichts eines Frauenzimmers mit schönen Gaudinockerln ist allerdings immer noch: Mei, de hat Holz vor der Hüttn! Das klingt, ehrlich gesagt, ein bisschen hölzern, so nach Schreinerei und Sägewerk und gar nicht so sexy, kann aber leicht erklärt werden.

In Bayern wird ja gern Holz an den Außenwänden der Häuser aufgeschichtet. Um genau zu sein, ist dieser Brauch im Oberland üblich, in den Städten ist er aus feuerpolizeilichen Gründen nicht (mehr) erlaubt. Hannes Burger, der bekannte Heimatpfleger und Publizist, hat in Sachen Holz vor der Hüttn hinter die Begriffsfassade geschaut. Er sagt, die Frau zeige dem interessierten Mann damit, dass sie fleißig ist (sie hat viel Holz gesammelt und gemacht), dass sie wohlhabend ist (sie braucht viel Holz, weil ihr Anwesen stattlich ist), dass sie Kochen kann (das Holz macht den Ofen heiß, auf dem der Schweinsbraten und der Apfelstrudl zubereitet werden) und last but not least, dass sie Vorsorge für den Winter getroffen hat, um ihm auch in der kalten Jahreszeit einheizen zu können. Kurzum: Die Frau ist eine Partie.

Burgers Erkenntnisse sollten aber nicht zu dem falschen Schluss führen, dass jede Frau auf der Wiesn, die etwas herzuzeigen hat und dies auch tut,

Silvia Sommerlath, die jetzige Königin von Schweden, in ihrem Hostessen-Dirndl bei den Olympischen Spielen 1972 in München

DAS DIRNDL WAR IHR SCHICKSAL

eine Partie ist. Manchmal ist die erotische Auslage, das Holz vor der Hüttn, nur quasi sittlich gemeint. Ein Blickfang, ein Lockmittel, ein Anreiz. Es ist wie im Tierreich. Das Männchen ist begeistert, sorgt für Essen und Trinkbares (das kann teuer werden auf dem Oktoberfest), übernimmt später die Ausgaben beim Liebestanz in einer Nobeldisco (was auch nicht billig ist), zahlt das Taxi für den Heimweg und landet dann doch nicht vor einem Anwesen mit viel Holz vor der Hüttn in einer Bilderbuchlandschaft Oberbayerns, sondern vor einem vierstöckigen Haus ohne Lift in München-Haidhausen, wo es dann den Aufstieg in die winzige Mansardenwohnung nicht mehr schafft.

Andere Männchen berichten von anderen Enttäuschungen. Machen wir es kurz, ohne langes Vorspiel: Sie mussten feststellen, als es zum Äußersten kommen sollte, wie der schöne Busen beim Auskleiden aus der Kinn-Gegend verschwand und nach unten Richtung Bauchnabel sackte, oder wie die großen runden Knödel in dem schönen Dirndl immer winziger wurden und verschwanden. Sie fühlten sich an den Trick eines Zauberers erinnert und zogen nach kurzer Nestelei verstört und unverrichteter Dinge wieder ab. Ja, das Dirndl ist ein wunderbares Kleidungsstück, macht oft viel mehr her als da ist. Das gilt aber auch für die Lederhose. So manches neugierige Weibchen musste bei der privaten After-Wiesn-Nightshow erfahren, wie überdimensioniert das mächtige Hosentürl einer Lederhose sein kann …

Ein Hauch von Abenteuer und Freiheit: Vorbildliches Wiesn-Outfit von der Lederhose bis zum Haferlschuh

Schutz vor Ungeziefer

Womit nichts Prinzipielles gegen die Lederne gesagt sein soll. Man(n) ist damit immer gut gekleidet. Sie bietet Schutz vor Hitze, Kälte, Nässe und Ungeziefer. Sie hält wirklich vielem stand. Und sie verleiht dem Träger einen Hauch von Freiheit und Abenteuer, so ein Wildschützen-Image. Sollte der stolze Besitzer aus Wanne-Eickel oder Altona kommen, sollte er sich allerdings lieber stumm bewundern lassen, sonst wird er wegen seines Idioms schnell als Trachtenpreiß verspottet. Das sind Leute, die es so gut mit Bayern meinen, dass sie in ihrem Philobajuwarismus noch bayerischer sein wollen als eingeborene Bayern. Praktisch ist die Lederhose auf jeden Fall. Sie ist schnell heruntergelassen, wenn es pressiert und man(n) kann sich gut und beidhändig an den Hosenträgern festhalten, wenn es gilt, einen Widersacher einzuschüchtern.

Jedes Jahr, in den Wochen vor dem Ereignis, ist die Zeitschrift *Bunte*, das Zentralorgan der „foinen“ Welt, voll mit Tipps für die Wiesn. Unter der Furcht einflößenden Überschrift „Mia san Wiesn“ lautete beim letzten Mal das oberste Gebot: Tracht muss sein, nur die Kniebundhose ist das richtige Outfit für ihn, das Dirndl die richtige Kleidung für sie. Erlaubt ist allerdings nicht alles, was gefällt. Zu kurz soll es nicht sein, auch die zahlreichen Societygirls, die früher mundartlich Flitscherl genannt wurden, sollten da aufpassen. Knielang ist gut. Bauchfrei ist verboten, auch wenn dadurch das eine oder andere A...-Geweih (hierbei handelt es sich um Tattoos im unteren Rückenbereich) nicht zur Geltung kommt. Turnschuhe zum Dirndl sind auf jeden Fall ein Fauxpas, ein Verstoß gegen den Dresscode. Pumps sind erlaubt, oder auch flache Ballerinas, die sind nicht so anstrengend für die Trägerin, wenn sie stundenlang auf Tisch und Bank herumspringt.

Im Sommer beginnen die Prêt-à-Porter-Schauen à la Munich. Damen mit Vornamen wie Lola, Bine, Nike oder Ophelia führen dann vor, was für Schnurzi und Purzi, für Obermeier und Oberhuber, was für Wiesnfreunde aus Trier, Tokio und Toronto zur diesjährigen Saison angesagt ist. Klassisch oder verspielt, schrill schön oder gediegen edel, punkig oder romantisch, türkis oder flieder, gelb oder grün, frisch sollen die Farben sein. Ophelia macht laut Eigenwerbung aus Dirndl „wahre multitasking Unikate“, die variiert und kombiniert werden können. Jeder mit Tüll, Schleife oder Blumen besetzte BH, jedes Mieder, jeder Rock oder Unterrock ist austauschbar und auch einzeln neu kombinierbar. „So kann der Look gleichermaßen tagsüber, aber auch aufgebrezelt bei glamourösen Abendveranstaltungen getragen werden.“ Das freut den noblen Spender. Er braucht jedes Jahr nur Ersatzteile zu kaufen.

Leiberl oder Bluse

Eine Designer-Queen erlaubt glänzende Stoffe, aber edel müssen sie sein, eine andere hat aus Asien feinste Seide und Sari-Stoffe mitgebracht, die nächste rät zu Taft und Tüll mit Pailletten, eine andere hat die Schürzen schräg geschnitten. Am Busen sollte derzeit designermäßig nichts überladen sein, er soll für sich wirken, da sind sich die Schneiderinnen einig. Der Petticoat feiert fröhliche Urständ, weil das Dirndl noch schöner schwingt, wie es heißt. Neonfarben sind out, ob offenherzig oder etwas geschlossen, müssen die Trägerinnen letztendlich selbst entscheiden. Mit Leiberl und Bluse oder mit gar nichts von beidem, entscheiden auch Alter oder Promille. Strass ist weiter im Kommen und kann dem einen oder anderen Gefährten

Charivari

Ebenso wie der Gamsbart auf dem Hut sind so genannte Charivaris die besondere Zierde von Trachten. Sie werden auf Bauchhöhe über der Lederhose getragen. Eine kleine Wampe kann da nicht schaden. An den Ketten hängen Zähne von Raubtieren, Krallen oder Haarbüschel derselben, deren Kraft nach Schamanen-Lehre auf den Menschen übergehen soll. Dazu kommen kleine Medaillen, gefasste Münzen und erworbene Ehrenzeichen. Männern, die Schlüssel für ihren 7er BMW oder Wolpertinger-Haar am Charivari haben, sollte man mit Vorsicht begegnen.

Dirndl machen Frauen schöner!

Ob groß, ob klein, angenehm rundlich oder gertenschlank, jung oder nicht mehr ganz so jung: Das Dirndl macht die Frauen schöner. Und ihre Proportionen kommen noch besser zur Geltung. Am Beispiel von Frau Dr. Althea Linnenstock aus Gütersloh, schon lange in Partenkirchen lebend, und Frau Resi Trageiser aus Obing, fällt der Beweis für die Behauptung besonders leicht. Links die beiden Damen in ihrem jeweiligen Zuhause, rechts vor der Abfahrt nach München zum Oktoberfest.

der Strass-Trägerin Stress bereiten. 1 000 Euro und mehr darf er für ein solches Couture-Dirndl schon hinlegen. Selbst für werdende Mütter werden passende Stücke angeboten. Im Outlet-Store und beim Discounter gibt es Dirndl, drei Stück für 150 Euro. Keine muss draußen bleiben.

Mit dem Lackdirndl ins Dschungelcamp

Lack-Dirndl kommen bei den genannten Modeschöpferinnen allerdings nicht in Frage, die trägt die Tänzerin auf der Bühne bei der After-Wiesn-Party. Oder eine Nachwuchsdarstellerin, die im Hippodrom hochwillkommen ist, weil sich da viele Fotografen herumtreiben. Die Begegnung der genannten Spezien führt für die Lack-Dirndl-Trägerin unweigerlich ins Dschungelcamp, für das sie unter den wilden Kreaturen im Zelt, inklusive Champagnerdusche, schon üben kann. Männer sind wie gesagt mit der Kniebundlederhose und einem weißen Hemd (am besten von einem italienischen Edelschneider) gut angezogen. Die Kurze wird in *Bunte* nicht empfohlen, weil viele der angesprochenen Herren zu dünne Waden haben. Auf dem Golfplatz, im Gourmetrestaurant oder in der Vorstandssitzung bekommt man halt keine strammeren. Da sind die Ski fahrenden und Fußball spielenden Burschen aus dem bergigen Oberland im Vorteil. Da rutscht kein Loferl (Wadlstrumpf).

Hüte mit Gamsbärten sind zur späten Stunde im Zelt nicht mehr zu empfehlen, obwohl sie als Potenzsignal gelten. Merke: Je größer, je lieber. Sie könnten nämlich einfach beschädigt oder gestohlen werden. Auch ein schönes Charivari empfiehlt sich nicht für den Wiesnbesuch, so sehr es neidvolle Blicke der Männer und anerkennende der Damenwelt auf sich ziehen mag. Charivari sind eigentlich Uhrketten der altbayerischen Männertrachten, oft mit emblematischen Anhängern, wie kleinen Hörndln, Zähnen von der Wildsau (Jäger! Wildschütz?) und Münzen. Letztere zeigen, dass es der Mann nicht nötig hat, das Geld Zins bringend auf die Bank zu tragen.

Höchste Zeit, noch an den schönsten Triumph des Dirndlkleides in der neueren Zeit zu erinnern, der in diesem Fall weit über Berlin hinaus reicht. Silvia Sommerlath, Wahlmünchnerin aus Heidelberg und Olympiahostess, trug 1972 bei den Spielen in München ein solches in weiß-blau. Carl Gustaf, der junge schwedische König, verfiel ihr auf der Stelle. Heute ist Silvia Königin und als solche eine Spitzenkraft der Branche. Von so einer Karriere, von so einem Monarchen träumt seither so manche Dirndlträgerin auf der Wiesn. Es kann ja zur Not auch ein Möbel-, Klingelton- oder Bratwurstkönig sein. Oder einer von Erdbeer-Land, gleich draußen vor der Stadt ... *fi*

WENN DAS DIRNDL VERSAGT ...

Nele Jannsen aus Kiel

HIER GIBT'S NICH MAL LABSKAUS!

BETRIEBSAUSFLUG DER HAFENVERWALTUNG HAMBURG

Bayerns Preußen sind die besten

Wie Berliner und Hamburger bei der Entwicklung eines bayerischen Nationalgefühls halfen und ein japanischer Bierkonzern den berühmten Trachten- und Schützenzug rettete

Eigentlich sollten die richtigen Trachtler, die am 1. Wiesnsonntag in einem kilometerlangen Zug durch die Stadt ziehen, mit der ganzen Entwicklung, dieser Lederhosen- und Dirndlmania, nicht unzufrieden sein. Für die Experten ist nämlich der Boom der Trachtenkleidung und trachtenähnlichen Gewändern auf der Wiesn einerseits ein Modetrend, andererseits aber auch ein optisches Zeichen dafür, dass sich viele Besucher gerne mit dem Bayerischen identifizieren und Zugehörigkeit signalisieren wollen. Egal ob Einheimische oder Zuagroaste. Vor zweihundert Jahren, als alles anfing, gab es diesen Gedanken als politischen Hintergedanken. Da schlug sich das Königreich mit dem Problem mangelnder Identifikation auf Seiten der Untertanen herum, vor allem die gerade erbeuteten Franken fremdelten noch gewaltig. Oktoberfest und Tracht sollten helfen, dass zusammenwächst, was zusammengehört.

Schon bei der Ur-Wiesn 1810 traten Kinder in Trachten auf, sie kamen aus den Kreisstädten der nach Flüssen benannten neun Kreise des noch jungen Königreichs. Ihnen schloss sich eine Gruppe von sechs Kinderpärchen an, die als Bauern und Bäuerinnen verkleidet waren. Die kleinen Trachtler überreichten der königlichen Familie und dem Hochzeitspaar Blumen und Früchte des Landes und trugen „Huldigungsgedichte" vor. Dieser Aufzug wurde zum ständigen Bestandteil des Programms aller folgenden „Nationalfeste" auf der Theresienwiese bis zum Sturz der Monarchie im Jahre 1918, am Ende des 1. Weltkriegs. (Das angeblich so königstreue Bayern schlug übrigens seinen Monarchen in die Flucht, bevor es die Preußen mit ihrem Wilhelm machten.) Dem heutigen Landesherrn werden auf der Wiesn keine Huldigungen mehr geboten, die bekommt er höchstens das Jahr über im Bayerischen Fernsehen, aber auch da längst nicht mehr so inbrünstig, wie es schon war.

Massenhochzeit

Der Auftritt der huldigenden Trachtenkinder schaute wirklich herzig aus, aber anlässlich der Hochzeit des Kronprinzen Maximilian mit der preußischen Prinzessin Marie 1842 wurde er noch getoppt. Da schlossen 35 Paare niederen Standes aus ganz Bayern auf dem Oktoberfest zusammen mit ihrem künftigen Herrscherpaar den Bund fürs Leben. Sie alle waren in Tracht gekleidet. So etwas hat später nicht einmal Linda de Mol fürs Fernsehen zustande gebracht. Übrigens war seinerzeit, als der spätere König Max II. Hochzeit feierte, auf dem Land die Tracht alles andere als selbstverständlich. Es ging immer noch um die Entwicklung eines bayerischen Nationalgefühls. Prämien wurden ausgesetzt, Arme mit Trachten

beschenkt, Darstellungen von regionalen Trachten in den Rathäusern angeschlagen, selbst die Pfarrer waren angehalten, für die Tracht zu predigen. Um die Leute in der Stadt kümmerten sich vorwiegend Bayerns Beamte.

Max Zwo sei Dank

Es war die größte staatliche PR-Kampagne zur Belebung der Tracht in Bayern, mit Auswirkungen bis auf den heutigen Tag. Dem König Max Zwo sei Dank. Und jetzt muss es raus: Die Preußen haben von Anfang an dabei mitgeholfen. Das hören die Bayern nicht so gern, aber als nach 1850 der Tourismus in Oberbayern aufkam, schwerpunktmäßig um den Tegernsee herum, begeisterte die Tracht sofort die Urlauber. Das Kaufhaus Wertheim in Berlin (!) richtete alsbald eine eigene Trachtenabteilung ein, mit den grauen Joppen und den grünen Spitzhüten, wo sich viele Sommerfrischler ausstatteten und dann mit dem Zug gen Süden fuhren.

Der Schriftsteller Ludwig Steub schrieb im Jahre 1860, dass das flotte Aussehen der Tracht, ihre wunderbare Einfachheit, sich bei Arm und Reich schnell Anerkennung verschafft habe, sogar die feinen Herrn aus der Stadt, die Staatsdienstaspiranten und andere Würdenträger, hätten sie sich „untertan gemacht". „Selbst vor den norddeutschen Augen hat sie Gnade gefunden und man sieht manchen Berliner Geheimrath, manchen Hamburger Bankier, der sich gleich nach den ersten Tagen, von dem Reize des Gewandes angezogen, in eine Kochlerjoppe hüllt und stolz am Tegernsee hinwandelt, nicht ohne dabei sein frisch einstudiertes Schnaderhüpfl (bayerisches Spottliedchen, Anm. der Red.) zu zirpen." Dass viele von denen im Lauf der Jahrzehnte nicht mehr zurückfuhren und hier sesshaft wurden, ist verständlich: Sie wollten darüber wachen, dass die bayerischen Eigenheiten weiter hochgehalten werden. Bei den einheimischen Feierabend-Anarchisten konnte man ja nie sicher sein. Bayerns Preußen sind einfach die besten.

Beim großen Trachten- und Schützenzug am ersten Wiesnsonntag zeigen sich die bayerischen Stämme in ihrer Vielfalt, aber auch Trachten- und Bürgervereine aus ganz Deutschland und aus Europa. Sogar aus Übersee und Über-Übersee, wie wir gleich erfahren werden. Ein Augenschmaus auf jeden Fall. 1835 wurde der Zug erstmals veranstaltet – zu Ehren der Silberhochzeit von Ludwig und Therese. Seit 1950 ist er fester Bestandteil des Oktoberfestes. Jedes Jahr bewerben sich mehr Trachtenvereine aus Bayern als mitmachen können. Aventinus, der bayerische Tacitus, hat sich nicht geirrt, als er schrieb, der Bayer „thut sonst was er will, sitzt Tag und Nacht beim Wein (inzwischen bevorzugt er

Trachtler aus aller Welt

Die Strahlkraft der Wiesn hat auch in anderen Ländern zu einer Wiederbelebung des Trachtenwesens geführt. Auch exotische Völker besuchen neuerdings in ihrer Nationaltracht das Oktoberfest, die Männer vom Stamme der Wikinger sogar mit landestypischen Trinkgefäßen. Ebenso bereichern Römer und zentralasiatische Reitervölker das Oktoberfest. Ob sie am Eingang entwaffnet werden müssen, ist im Stadtrat noch umstritten.

Bier), schreibt, singt, tanzt, kartet, spielt, mag Wehren tragen, Schweinsspieß und lange Messer. Mag große Hochzeiten, Todtenmahle und Kirchtage haben". So ein Kirchtag ist auch der erste Wiesn-Sonntag. Viel nackte Haut ist beim Hochamt der Tracht natürlich nicht zu sehen. Die Frauen und Mädchen gehen züchtig in langen Röcken und hochgeschlossen. Anmutig und selbstbewusst schreiten sie daher. Die Münchner Ludwigsstraße als Catwalk. Von den Burschen sind einige in kurzen Wichs zu bestaunen.

Ein Hauch von Gemütlichkeit: Vorbildliches Outfit für die Nachmittagswiesn

An die 8 000 Trachtler, Musiker und Tänzer marschieren mit. Natürlich viele Vereine und Formationen aus dem Oberland, Gamsbärte auf den Hüten, dazu schneidige Gebirgsschützen mit Gewehren, deren Offiziere mit Säbeln bewaffnet. Prachtgespanne, Blaskapellen und Spielmannszüge sind dabei. Auch Vereine, die das barocke Leben oder die Biedermeierzeit hochhalten, Schäffler und Moriskentänzer, Trommlercorps und Fanfarenbläser, Bürger im Gehrock, Bauers- und Stadtleute mit kostbaren Gold- und Riegelhauben, Stopselhüten oder Otterfellmützen, mit Zweispitz, Dreispitz oder Zylinder. Schiffleute, Landsknechte und Trommlerbuben in historischen Uniformen, Knappschaftskapellen in alter Bergmannskluft.

Drachen und Sumo-Ringer

Einmal waren sogar Japaner dabei. 1999 drohte der Trachten- und Schützenzug, angeblich der Stolz von Stadt- und Staatsregierung, wegen Geldmangels auszufallen. Eine Blamage zeichnete sich ab. Da sprang die Kirin Brewery, eine japanische Großbrauerei als Sponsor und Retter ein, was viele Einheimische trotzdem blamabel fanden. Von einem bunten Drachen, der mitgeführt werden sollte und Sumo-Ringern zwischen den Gebirgsschützen war die Rede. Es blieb aber bei einer Gruppe von Tänzern und Trommlern, sehr beliebt beim Hafenfest in Yokohama und beim Blumenfest in Hiroshima. Sie wurden in München gut aufgenommen. Nach dem japanischen Auftritt stritt man sich hierorts in diversen Krisensitzungen über höhere Beiträge für den „Festring", der den Trachtenzug organisiert.

Im Februar 2001 war man sich dann einig: Das Bayerische Fernsehen legte für die Übertragung drauf, auch die Stadt München tat mehr in die Kasse und schließlich mörtelte der Freistaat auf, der vorher nur mit 5 000 Mark dabei war – für den blumengeschmückten Festwagen des Ministerpräsidenten.

Neben dem jeweiligen Landesvater ist der Schmied von Kochel mit Fahne und Morgenstern immer unter den Mitwirkenden. Der legendäre bayerische Held führte den Aufstand der Bauern und Handwerker an, die 1705 gegen die Besatzer aus Österreich aufbegehrten. Motto: „Lieber bairisch sterb'n, als kaiserlich verderb'n." Der Wunsch hat sich leider bewahrheitet. Der Aufstand ging mit einem Massaker, der Sendlinger Mordweihnacht, zu Ende, angerichtet von eben jenen Österreichern. Nicht vergessen, aber verziehen! Politisch unproblematisch sind die Traditionsgruppen aus Italien in ihren mittelalterlichen Kostümen. Auch solche aus Frankreich und der Schweiz gehören immer wieder dazu. Sogar aus Norwegen waren Trachtengruppen da, eine amerikanische Brass Band spielte auch schon mit. Und man glaubt es kaum: Preußische Artillerie von 1870/71 hat man nebst Kanone mitmarschieren lassen. Seinerzeit zogen ja Bayern und Preußen gemeinsam in die Schlacht, anders als 1866, als man noch ungestraft auf die Preußen schießen durfte.

Besonders eindrucksvoll mit ihren roten Westen und den breitkrempigen Hüten, die kesse Adlerfeder darauf, kommen die Tiroler Schützen daher, die jedes Jahr viel Applaus erhalten. Die Einheimischen am Straßenrand sehen ihnen nach, dass die Vorfahren dieser Schützen 1809 die bayerischen Truppen auf dem Bergisel versohlt haben. Und zwar unter Führung von Andreas Hofer. (Nein, Tante Anni, das war ausnahmsweise nicht der Hansi Hinterseer!) Die schmachvolle Angelegenheit ist hierorts nicht vergessen, aber verdrängt und verziehen, während der Wiesnzeit sowieso. Immerhin, so tröstet sich der geschichtsbewusste Einheimische, haben sich die königlich-bayerischen Truppen seinerzeit zwischen Innsbruck und Bozen als Besatzer in Napoleons Auftrag auch nicht gerade vornehm aufgeführt. Das schmachbeladene Schlachtengelände fällt heutzutage gottseidank nicht weiter auf, die Autobahn zum Brenner führt an der bewussten Stelle durch einen Tunnel.

Wehrhaftes Brauchtum

Ja, die Wiesn ist ein Völker verbindendes Fest und eine starke versöhnliche Seite hat es auch. Der Trachten- und Schützenzug ist der schönste Beweis dafür. Die Teilnehmer gehen für ihr Land und für die Ehre, für eine Maß Freibier und einen Hendl-Gutschein mit. Sie legen Zeugnis ab für ländliche Sitte und wehrhaftes Brauchtum, die Landeskinder vor allem für die legendäre bayerische Liberalität, gepaart mit südländischer Toleranz. Wer das mit der Toleranz nicht glaubt, der soll sich gleich melden. Für den sei zur Warnung noch einmal Ludwig Steub zitiert, der feststellen musste, dass die bayerische Bevölkerung „den Reiz einer gewinnenden Menschlichkeit" in eigener Sache vermissen lässt. *fi*

Horror

SCHAU, GÜNTHER, POPULÄR SAMMA IMMER NO!

Hau-den-Horst – dieser Vorschlag der Bayern-SPD für eine neue Wiesn-Attraktion ist am Protest der bayerischen Staatsregierung gescheitert.

Rituale der Männlichkeit

Hau den Lukas, Teufelsrad, Schießbude – magische Orte, an denen sich Schicksale entscheiden.

Männer, die ihrer Angebeteten beim Wiesnbummel imponieren wollen, sind gezwungen, Höchstleistungen zu vollbringen. Die Konkurrenz ist groß, und wer seiner Dame lediglich mit einem Lebkuchenherz den Hof macht, hat schon verloren. Nein, der Mann muss sich dem Wettkampf stellen, er muss mächtige Gegner bezwingen, Furcht einflößende Recken mit Wadln so dick wie Bierschlegel. Gottlob haben sich einige Schausteller darauf spezialisiert, Kavalieren ausgeklügelte Kraft- und Geschicklichkeitsübungen anzubieten, bei denen sie sich bewähren können. Nur wer diese Hahnenkampfplätze als Sieger verlässt, darf auf die Gunst der Schönen hoffen. Unser Autor hat einige dieser Angebote ausprobiert und erhält seitdem zahllose Liebesbriefe.

Mit einem Schlag berühmt

Niemand soll sagen, ich hätte mich nicht vorbereitet. Viele Wiesnabende habe ich vor dem gelbschwarzen Zaun studiert, wie Männer ihr Glück verspielten. „Hau den Lukas!“ – das ist nicht einfach eine Kirmesgaudi, hier geht's ums Ganze. Dies ist der Kampfplatz der Begierden, ein libidinös aufgeladener Ort, an dem Mann und Frau, schon zum Äußersten entschlossen, ein letztes, entscheidendes Ritual zelebrieren. „Stellen Sie ihre Kraft unter Beweis“ steht über dem Eingang, und was uns das sagen will, ist angesichts der phallisch emporragenden Metallstange leicht zu enträtseln. Wer hier triumphiert, hat für den Rest der Nacht leichtes Spiel. Aber wehe dem, der versagt! Ich habe Männer gesehen, Burschen voller Kraft und Herrlichkeit, die mit breiter Brust in die Arena traten, mit dem Hammer spielten, als wäre er ein Zahnstocher, und dann ... plopp! – der Metallbolzen glitt müde aufwärts, gerade mal einen Meter hoch, ehe er absackte in den eisernen Schoß des Katapults. Die Damen, welche die Helden mit sich führten, entschwanden grußlos für immer.

Von düsterer Vorahnung geplagt, habe ich den Eigentümer des schaurigen Geräts konsultiert. Ob ich mal üben dürfe, im Frühnebel, wenn niemand zuschaut? Gerne, aber zuerst müsse ich wissen, dass die Spuren des Lukas in die Antike zurückführten. Bei den Griechen sei es üblich gewesen, schlafende Viehhirten mit einem Stockschlag auf den Kopf zu wecken. Mitleid stellte sich ein, weshalb meine Probeschläge so zärtlich waren, dass der „Frosch“ – so heißt das Metallding – nicht mal in die Nähe des Anschlags geriet. Ich würde einsam werden nach dem Selbstversuch.

Am Abend steht eine Meute von 40 Gaffern um den Lukas, darunter Frauen in Patchworkdirndln, die aus Mehlsäcken und Rotwildfragmenten geschneidert sind. Als ich vors Gerät trete, muss ich an Robespierre denken und die Guillotine. Dann der erste Schlag: Verdammt! Verkantet. Der Frosch lugt kaum aus dem Loch hervor. Hohngelächter. Als er beim zweiten Schlag nur auf halbe Höhe emporschnellt, sind die Zwischenrufe nicht mehr zu überhören: „Laare Hosn“, „Der z’reisst koa nasse Zeidung“. Spätestens jetzt ist klar: Der nächste Schlag muss sitzen. Dieser nächste Schlag entscheidet über den weiteren Verlauf meines Lebens. Held oder Versager. Wehe dem, der den Frosch nicht hochbringt! Ich höre das Gemurmel der Spötter und stelle mir vor, sie nach Art der antiken Hirten zu züchtigen. Ich schlage zu. Warum der Frosch wie eine Rakete hoch schießt, weiß der Teufel. Jedenfalls erstirbt mit dem Knall der Zündkapsel alles Gelächter, und ehrfürchtige Stille macht sich breit. Die Damen werfen mir eindeutige Blicke zu, ich bleibe kühl – ha! Den Dank begehr ich nicht. Stattdessen werde ich Autogrammkarten in Auftrag geben: Ich als Herakles inmitten antiker Schäfer.

Teufelskerle

Gelegentlich gibt es auch anmutige Szenen im Teufelsrad. Etwa dann, wenn blondierte Vorstadtschönheiten, auf der rotierenden Scheibe stehend, Hula-Hoop-Reifen um die

Festwirt Sepp Krätz
HIPPODROM
SCHNITZEL
KÖNIG

Hüften schwingen, während aus dem Lautsprecher der „Schickeria"-Song der Spider Murphy Gang erklingt. Aber lange hält der elfenhafte Zauber nicht an, da macht der Rekommandeur nicht mit. „Hey, Blondie", schreit er. „Bist du dahoam a so hüftsteif?" Blondie wird nervös, sie verliert die Kontrolle über Reifen und Gleichgewicht, Arme rudern in der Luft, dann gewinnt die Fliehkraft endgültig die Oberhand. Blondie kommt ins Taumeln, mit einem Bein gerät sie aufs Parkett, während das andere auf der Scheibe verbleibt, die sich unerbittlich weiterdreht. Das war's für Blondie. Ihr Körper wird hochgerissen und gleitet gegen die gepolsterte Bande. „So Blondie, jetzt gehst no moi hoam zum Trainieren", spottet die Stimme aus dem Lautsprecher.

Aber bin ich deswegen hier? Um Moosacher Grazien scheitern zu sehen? Nein, für echte Männer hat das Teufelsrad ganz andere Herausforderungen parat. Boxen nämlich, der faire Zweikampf Mann gegen Mann. Aber noch heißt es warten. Noch kämpfen Kinder gegen die Zentrifugalkraft. Der letzte, der sich gegen das Unvermeidliche stemmt, ist ein vorwitziger Dreikäsehoch. Er wird mit Seilen und dem großen Schaumstoffball von der Scheibe gefegt.

„Zwoa Männer", ruft der Rekommandeur. Das ist mein Stichwort. Darauf hab' ich gewartet, beinahe ein Leben lang. Ich stürme in die Arena, schon wirft mir ein Helfer Boxhandschuhe zu. Der Gegner steht auch fest. Torsten aus Dortmund. Etwa dreißig Jahre jünger und zwei Köpfe größer als ich. „So jung und scho a Preiß", höhnt der Rekommandeur. Geschieht ihm recht, diesem Torsten. Wie kann er es wagen, hier, im hundert Jahre alten Münchner Teufelsrad, einen Lokalmatador herauszufordern. Das wird er bereuen. Einen preußischen Recken zu vermöbeln, wird meinen Ruhm gewaltig mehren, auch und gerade bei den Hula-Hoop-Grazien. Apropos: Auch Blondie steht wieder auf dem Teufelsrad. Als Schiedsrichterin. Blondies Anpfiff ertönt, mit einem Ruck beginnt sich das Rad zu drehen, und mir zieht es die Beine weg. Ohne Fremdeinwirkung, einfach so. Arschlings schleudere ich gegen die Bande, irgendwelche Wortfetzen aus dem Lautsprecher begleiten meinen Abgang. Etwas Garstiges muss der Rekommandeur über mich gesagt haben, jedenfalls schwingt im Lachen der Leute ein hämischer Unterton mit. Wartet, euch werd ich's zeigen.

Beim Versuch, die rotierende Scheibe im Sturm zu nehmen, reißt es meinen Körper in die Waagrechte, ehe er plump zu Boden fällt. Das tut weh, aber noch schmerzlicher ist das Gejohle des Publikums. Auf dem Parkett sitzend, sondiere ich die Lage. Torsten steht im Zentrum des Rads wie eine Eins. Blondie rennt auf der Scheibe, als würde sie auf einem Laufband ein Konditionstraining absolvieren. „Was is, Spezi", plärrt der Rekommandeur. „Mogst nimmer?" Das ist der richtige Moment, einen Überraschungsangriff zu wagen. Ich presche vor, praktisch im Sturzflug über die Scheibe, da kann auch die Fliehkraft nichts ausrichten. Thorsten, jetzt bist du dran! Thorsten macht einen Ausfallschritt, ich spüre seine Faust im Gesicht, spüre, wie ich – diesmal bäuchlings – über die Scheibe gleite, spüre Blondies Sneakers auf meinem Kopf, während ihr weicher Körper, umgesäbelt wie ein Butterblume, auf meinen geschundenen Leib fällt. Der Rekommandeur erklärt Thorsten zum Sieger. Ein Fehlurteil. Bis mein blaues Auge wieder verheilt ist, werde ich Urlaub nehmen müssen.

Jennerweins Erbe

Es ist ein guter Brauch, neben einem tadellosen Rausch eine Plastikrose für die Angebetete von der Wiesn mitzubringen. Selbstverständlich schießt der Mann von Welt die Rose

19. Selbstversuch III

eigenhändig, am besten in der Schießbude seines Vertrauens. Allein die selbst geschossene Blume geht als untrüglicher Liebesbeweis durch, Rosen, die von fremder Hand erlegt wurden, brächten Unglück.

Das Dumme ist nur, dass ich keiner Schießbude vertraue. Ich habe bittere Erfahrungen gemacht. Immer gibt man mir ein Gewehr, dessen Visier verstellt ist. Zugegeben, ich kann das nicht beweisen – aber warum sonst gehen Schüsse aus meiner Knarre regelmäßig daneben, während die Schützen neben mir die Gipsröllchen abräumen, als hielten sie eine Kalaschnikow in Händen? Meist sind es verwegene Typen, die schon äußerlich dem Wildschütz Jennerwein gleichen. Wie nichts ballern sie die Röhrchen von der Stange, und danach gehen sie mit einem gewaltigen Strauß roter Plastikrosen auf die Pirsch. Keine Frau kann einer solchen Pracht widerstehen.

Was ist ihr Geheimnis? Warum treffen die immer? „Du musst Zielwasser trinken", verriet mir eines Tages mein Freund Eddie, der einmal so viele Röhrchen abgeschossen hatte, dass er mit einem lebensgroßen Stoffbären belohnt wurde. Normalerweise zielt Eddie aber nur auf solche Röhrchen, in denen ein Schraubenzieher steckt – weil er der Überzeugung ist, Rosen seien nutzlose Staubfänger, einen Schraubenzieher hingegen könne man immer brauchen. Mittlerweile hat Eddie eine Kollektion von 431 Schraubenziehern, nicht einen hat er jemals benutzt. Ich hingegen besitze keinen einzigen, weil mir diese Schießbudenmafiosi sogar beim Schraubenzieherschießen das Visier verstellen. „Grad deshalb", sagte Eddie, „brauchst a Zielwasser." Darunter versteht er, wie auf Nachfrage herauskam, mindestens drei Maß Wiesnbier, und zwar ausschließlich Augustiner, weil dieses noch aus dem Holzfass komme. Nur Holzfassbier gewähre Zielsicherheit, alle anderen Biere könne man in dieser Hinsicht vergessen.

Nach fünf Maß Augustiner – sicher ist sicher – wage ich mich an den Schießstand. Leider wird die Technik, das Gewehr direkt auf das Pult zu legen, auf der Wiesn nicht gern gesehen, auch das Aufstützen des Ellbogengelenks gilt als unmännlich. Aber egal, bereits in der Vorbereitungsphase im Augustiner-Zelt habe ich bei jeder Maß gespürt, wie die Nervosität weicht und eine Erfolg versprechende Wurschtigkeit an ihre Stelle tritt. Entsprechend locker schreite ich zum Stehendschießen, schon der erste Blick durchs Visier verrät, dass diesmal mindestens doppelt so viele Röhrchen als sonst zum Abschuss bereitstehen. Ich drücke ab. Mit einem Knacken, als würde man ein Ei aufschlagen, zerspringt der Gips. Treffer! Der erste in meinem Leben.

Triumphgefühl macht sich breit, und auf dieser Wolke des Erfolgs nehme ich sofort ein weiteres Röhrchen ins Visier – ach was heißt da eines! Mindestens zwei oder drei sind es, die mir vor der Flinte tanzen, so genau lässt sich die Anzahl nicht ermitteln. Ich fackle nicht lange und ballere los. Wieder fällt das Röhrchen samt Rose. Na also, der erste Schuss ins Schwarze war kein Zufallstreffer. Mit dieser Lockerheit, die sich auf meine Hand dergestalt überträgt, dass der Gewehrlauf unentwegt große Kreise beschreibt, hol' ich die nächsten fünf Röhrchen von der Halterung. Um mich herum hat sich bereits eine kleine Schar Bewunderer zusammengefunden, die nach jedem Schuss applaudiert. Als die zehnte Rose fällt, gebe ich im Überschwang der Gefühle einen Freudenschuss in die Luft ab. Minuten später erscheint die Polizei und schleppt mich in Handschellen ins Wiesnrevier.

Ein Skandal sondergleichen, der hier erstmals öffentlich gemacht wird: Wer zu gut zielt, gilt als Gefahr für das Schießbudenwesen und wird mit Hilfe einer willfährigen Staatsmacht um die Früchte seiner Treffsicherheit gebracht. *wg*

DAFÜR HAM S' A GELD - ABER MI NET STUDIER'N LASS'N...

STARFLYER
FRISBEE

Und der Herr redete all diese Worte und sprach:

Gedenke, du Volk von München, dass die Wiesn keine Hetz' ist und auch keine Gaudi, und bewahre folgendes in deinem Herzen:

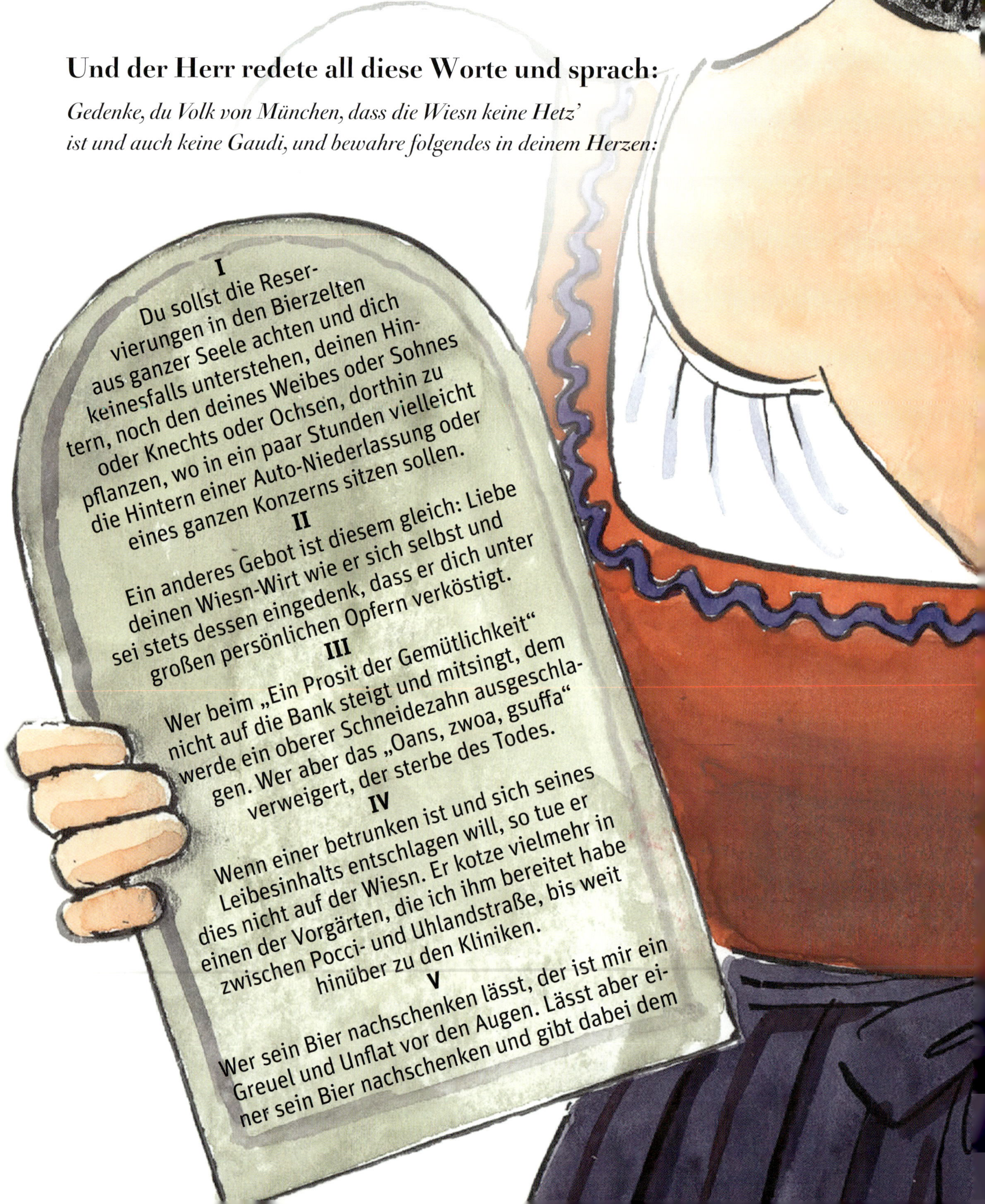

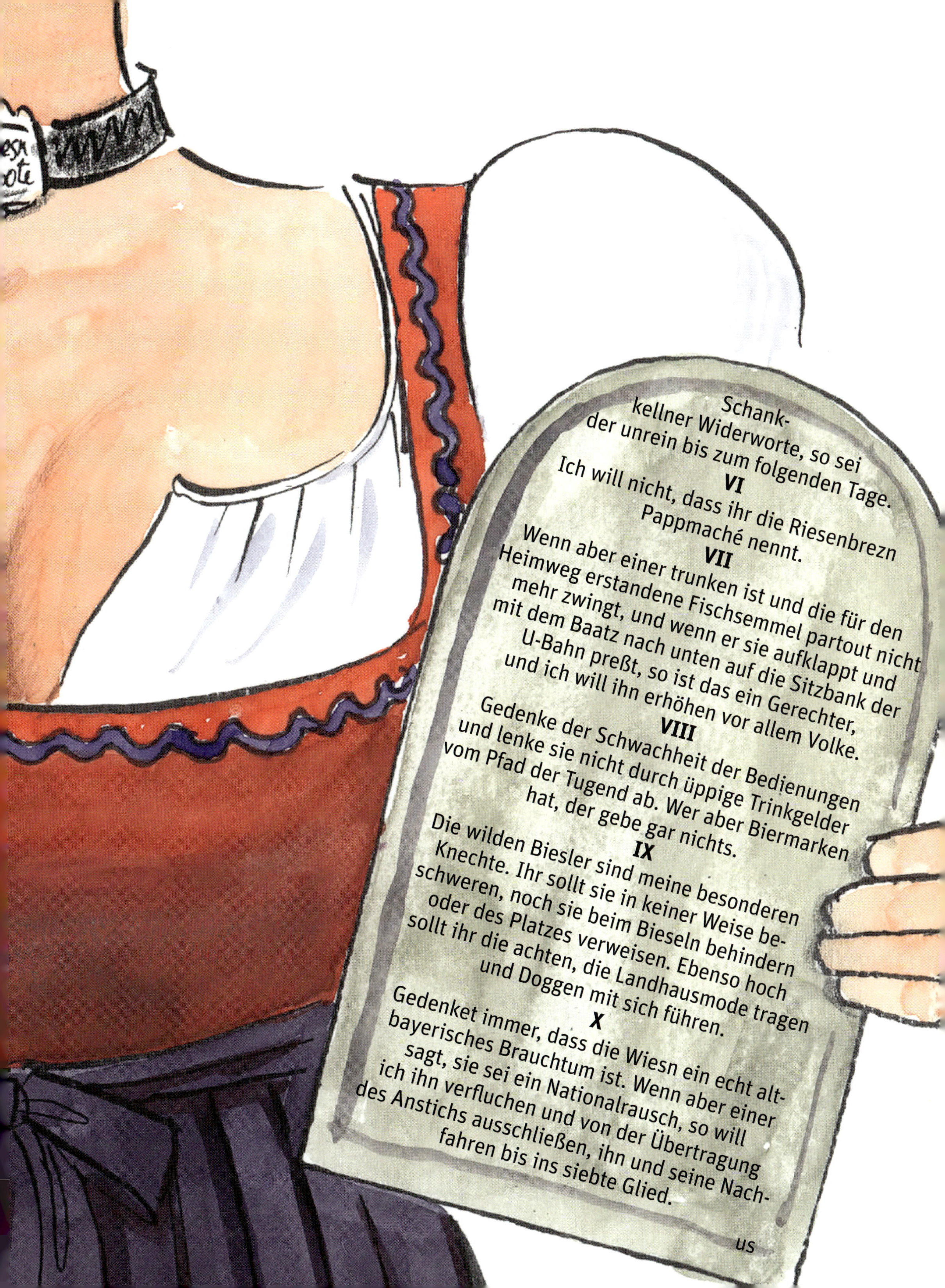

Schankkellner Widerworte, so sei der unrein bis zum folgenden Tage.

VI

Ich will nicht, dass ihr die Riesenbrezn Pappmaché nennt.

VII

Wenn aber einer trunken ist und die für den Heimweg erstandene Fischsemmel partout nicht mehr zwingt, und wenn er sie aufklappt und mit dem Baatz nach unten auf die Sitzbank der U-Bahn preßt, so ist das ein Gerechter, und ich will ihn erhöhen vor allem Volke.

VIII

Gedenke der Schwachheit der Bedienungen und lenke sie nicht durch üppige Trinkgelder vom Pfad der Tugend ab. Wer aber Biermarken hat, der gebe gar nichts.

IX

Die wilden Biesler sind meine besonderen Knechte. Ihr sollt sie in keiner Weise beschweren, noch sie beim Bieseln behindern oder des Platzes verweisen. Ebenso hoch sollt ihr die achten, die Landhausmode tragen und Doggen mit sich führen.

X

Gedenket immer, dass die Wiesn ein echt altbayerisches Brauchtum ist. Wenn aber einer sagt, sie sei ein Nationalrausch, so will ich ihn verfluchen und von der Übertragung des Anstichs ausschließen, ihn und seine Nachfahren bis ins siebte Glied.

us

Doppelte Gaudi

Mauer oder Zaun? Höhere Preise? Längere Dauer? Zwei Oktoberfeste zur selben Zeit? Experten suchen nach Lösungen, um die Besuchermassen besser in den Griff zu kriegen.

Die ungebrochene Attraktivität des Oktoberfests hat ihre Schattenseiten. Die Zelte auf der Wiesn sind immer wieder restlos überfüllt, hunderte drängen sich an den Wochenenden vor den Eingängen und können häufig nur mit Gewalt am Sturm auf die Bierburgen gehindert werden. Auch in den Straßen davor und vor den großen Fahrgeschäften meldet die Polizei regelmäßig gefährliche Fußgänger-Staus: Nur Stopp, kein Go. Kein Wunder, dass es immer wieder Diskussionen in kleinen und größeren, öffentlichen und geheimen Runden zur Entlastung bzw. besseren Auslastung der Wiesn gibt. Eine Panik, einen Aufruhr oder gar eine richtige Revolution, wie sie in Bayern schon einmal schnell ausbrechen kann, möchte schließlich niemand erleben.

Die einfachste Lösung scheint die zeitliche Verlängerung. Also anstelle der üblichen 16 Tage drei oder vier Wochen. Oder zwei, drei Monate. Oder gleich die Einführung der Ganzjahreswiesn. Solche Vorschläge stoßen aber auf Widerstand. Die Festwirte brauchten Urlaub, die Polizei könne nicht permanent Kräfte abstellen, die Bedienungen seien nach zwei Wochen schon völlig ausgebrannt, die Schaukelburschen und die Mitarbeiter der Geisterbahnen erschöpft. Und das deutsche Bruttosozialprodukt schmölze dahin, weil aus Bayern kein Nachschub käme. Im Übrigen zeige das Beispiel Hamburg, wohin eine solche Verlängerung führen würde, nämlich zu gähnender Langeweile. So lauten ungefähr die Argumente.

Kunstfreunde sind gelitten

Außerdem möchten die Münchner ihre Stadt wieder für sich haben. Ständig Betrunkenen aus dem Weg zu gehen, den auswärtigen Besuchern in zig Sprachen den Weg auf die Theresienweise erklären zu müssen, strenge auf die Dauer auch den gutmütigsten und polyglottesten Bayern an. Die Kunstfreunde, die München das ganze Jahr über aufsuchen, seien gelitten und gelten als vergleichsweise unproblematisch. Sie krakeelten ja selten vor den Museen, Schlössern und Theatern herum. Sie sängen in der Oper nicht auf den Stühlen stehend mit. Und sie würden auch nicht hineinspeien.

Scheinbar praktikabel klingt der anonyme Vorschlag, einfach an der Preisschraube zu drehen, mit behutsamen Erhöhungen den Besucherstrom einzudämmen und zu regulieren. Bei einem Preis von 12 Euro an Werktagen und 15 Euro an den Wochenenden inklusive Freitagabend für die Maß kämen bestimmt weniger Leute. Außerdem ließe sich über die Preise für Hendl, Steckerlfisch und Würstl die Sache noch feiner justieren. Die Festwirte, die mit jedem Cent rechnen müssen, be-

Wiesn-Plakat 1: Votum der Jury

Der Wettbewerbsbeitrag besticht durch die subtile dialektische Verquickung des Leitmotivs Oktoberfest mit dem ästhetischen Programm der Renaissance, auf das hier unübersehbar – und gleichwohl dezent – mit einer zeitgemäßen Interpretation des Dürer'schen Hasen angespielt wird. Im Osterei blitzt der Motivkomplex „Brathendl" in überraschender Ursprünglichkeit auf, ohne den Betrachter zu verstören. Für das offizielle Wiesnplakat ungeeignet erscheint allerdings der Maßkrug, der als platte Werbung missverstanden werden könnte.

streiten aber tapfer, dass eine solche Idee in ihren Kreisen kursierte.

Die Politik hätte jedenfalls große Einwände. Der Bierpreis hat schließlich schon mehrmals in der bayerischen Geschichte zu Revolutionen geführt. Außerdem ist die Wiesn ein Volksfest. Ein Fest für alle. Es könnte zu sozialen Unruhen kommen, zu einer Bewegung, die auf jeden Fall vom bayerischen Ministerpräsidenten höchstselbst angeführt werden würde. So etwas ließe sich der nicht nehmen. Die auswärtigen Gäste würden allerdings Preiserhöhungen ohnehin nicht merken. Sie werden in ihren Herkunftsländern von Leuten, die schon da gewesen sind, hinreichend auf das teure Wiesnvergnügen hingewiesen.

Eine radikalere, aber wirksame Lösung wäre die Errichtung einer Mauer rund um die Wiesn, deren schmale Öffnungen immer wieder bei Überfüllung rechtzeitig geschlossen werden könnten. Aber mit Mauern hat man hierzulande schlechte Erfahrungen. Wie schnell könnte sich ein Demonstrationszug bilden, angeführt von Gästen aus Leipzig, die mit Rufen wie „Wir sind das Volk" oder „Die Mauer muss weg" Einlass forderten. Wenn sie dann fiele, wäre das Schlamassel, wie schon erlebt, riesengroß. Eine blühende Landschaft wäre die Theresienwiese danach nicht mehr, eher ein Trümmerfeld. Dann doch lieber die zähen Kämpfe an den Holztüren der Bierburgen.

Ein schöner Palisadenzaun

Vielleicht ließe sich anstelle einer Mauer auch ein Palisadenzaun errichten – aus frischem Fichtenholz. Material und Architektur sind den Einheimischen vertraut, vor allem wenn oben darauf friedlich blühende Geranien angebracht würden. Aber auch hier wäre die Abwehr der Einlassbegehrenden schwierig. Die Polizei des Landes verfügt zwar noch über erfahrene Haudegen aus den Schlachten von Wackersdorf, aber die Verteidigung des Zauns würde viele Ordnungskräfte binden, die dann bei der Verfolgung von Parksündern, Maßkrugdieben und wilden Bieslern (das sind Menschen, die ihrer Notdurft nicht an den dafür vorgesehenen Stellen nachkommen) wieder fehlten.

Wo soll der Oberbürgermeister anzapfen

Es gibt den – offiziell geheim gehaltenen – Vorschlag, die Wiesn in zwei Feste aufzuteilen, die gleichzeitig stattfinden. Eine auf dem angestammten Platz unter der Bavaria, die andere beispielsweise im Englischen Garten, gleich unterm Monopteros. Hier hat zum einen die Polizei Bedenken. Sie fürchtet, dass es zu einem permanenten Wiesn-Hopping kommen könnte und das Ganze verkehrlich nicht mehr zu bewältigen wäre. Aber auch Protest der Bevölkerung wäre zu befürchten, die ihren Englischen Garten nicht so einfach hergeben würde. Etwaiger Protest der Nackerten (das sind die viel besuchten FKK-Anhänger, über die sich alte Münchner richtig schön aufregen können, und zwar immer wieder) wäre nicht so ernst zu nehmen, weil es ja im Herbst schon ziemlich kühl ist.

Aber, wo soll der Oberbürgermeister anzapfen? Auf der Park-Wiesn oder auf der Wiesn-Wiesn? Hinzu käme, dass sich der gemeine Münchner ständig das Gehirn zermartern müsste, wo es stimmungsmäßig schöner sein würde, draußen auf der Theresienwiese oder drinnen im Park? Und es brächte die Promis in Bedrängnis. Natürlich würde Käfer liebend gern zwei Häuser für seine Käfer errichten, aber wo wären die besten Schnurzis und Purzis dann für den Normalo zu sehen? Ist Boris B. heute mit seiner Neuen auf der alten oder mit seiner Alten auf der neuen Wiesn? Und der Promi fragt sich, wo

Wiesn-Plakat 2: Votum der Jury

Dem Künstler des vorliegenden Entwurfs ist es gelungen, die existenzielle Einsamkeit des Festbesuchers im vulgären Trubel des Bierzelts für jedermann augenfällig darzustellen. Das am Boden liegende Fischgerippe gemahnt nicht nur an den Steckerlfisch, es verweist überdies auf die neutestamentarische Speisung der Fünftausend und damit auf die frühchristlichen Wurzeln des Oktoberfests. Als Wiesnplakat bestens geeignet.

werde ich besser gesehen, wo sind mehr Fotografen und Kameraleute?

Eine bessere Kanalisierung der Massen bei weiterhin einem Festplatz ließe sich aber doch auf verschiedene Weisen erreichen. Zutritt nur nach Anfangsbuchstaben, sagen wir montags und dienstags von A bis D und mittwochs und donnerstags von E bis H, am Samstagabend zur Sicherheit nur XY und Z, wäre so eine Regelung. Die Kontrollverfahren ließen sich in den Griff bekommen, für Eheleute wäre die Regelung kein Problem, wohl aber fur befreundete Paare. Sie heißt Halbermoser, er Mittermeier: H & M könnten sich nicht miteinander in den Trubel stürzen oder müssten schnell noch heiraten.

Löwen in den Löwenbräu

Auch nach Sternzeichen wäre eine Auswahl denkbar. Fische zur Fischer Vroni, wo es die Steckerlfische gibt, Löwen in den Löwenbräu, Schützen ins Schützenzelt, Stiere in die Ochsenbraterei. Widder zum Schottenham(m)el. Für die Jungfrauen würde ein kleines Zelt reichen. Führende Astrologen der Stadt könnten die richtigen Sternzeichen zusammenbringen, wenn es keine passenden Zelte mehr gibt. Waagen zu Zwillingen, Skorpione zu Krebsen – ein harmonisches, friedliches Fest wäre garantiert. Aber: Es müssten unbedingt Ausweise mit Geburtsdatum unverlangt vorgezeigt werden.

Eine Aufteilung nach Landsmannschaften wird vor allem an Münchner Stammtischen schon länger diskutiert. Montag und Dienstag Münchner und Oberbayern, Mittwoch Niederbayern und Oberpfälzer, Donnerstag Franken und Schwaben, Freitag Amerikaner und andere Gäste aus Übersee. An den Samstagen Italiener, die haben sich ohnehin schon die Wochenenden erobert. An den Sonntagen wieder Münchner. So könnte es gehen. Andererseits lebt das Fest von seiner schönen Völkermischung. Ein Niederbayer, aufgeschlossen und weltläufig wie er sein kann, lernt gern einmal einen Menschen aus einem völlig anderen Kulturkreis kennen, sagen wir einen Franken. „Außerdem", so formulierte es ein Landshuter Automechaniker (Name und Adresse sind den Autoren bekannt), „hau ich einem Coburger lieber eine hinein als einem aus Indien".

Amerikaner und Oberpfälzer beispielsweise passen vom Idiom her gut zusammen. („Wou, wou"). Australier sollen mit Schwaben gut konvenieren, warum weiß keiner. Außerdem sind bei diesem Plan die Preißn noch nicht berücksichtigt, mit denen sich die Bayern besonders gern mischen, vor allem mit ihren Frauen.

Auch ein Frauentag wäre möglich. Oder ein reiner Männertag. Aber vielleicht langweilig. Die Einführung von Extra-Zeiten nach sexueller Ausrichtung ist nicht notwendig, weil Schwule und Lesben schon Emporen in zwei Bierzelten für sich beanspruchen und damit offenbar zufrieden gestellt sind.

Die Auswahl nach Berufen (heute Maurer, morgen Mediziner), nach Parteien (für die SPD würde eine bewirtschaftete Geisterbahn reichen), nach Autokennzeichen (gerade und ungerade), nach Alter (unter dreißig, über dreißig), was den Musikkapellen das Programm erleichtern würde, nach Gewicht (unter 75 Kilo, über 75 Kilo) wären möglich, aber kontrolltechnisch eher umständlich. Auf Vorschlag der Grünen im Rathaus würde wahrscheinlich noch ein Tag für Menschen mit Migrationshintergrund eingerichtet. Und für Besucher aus Schurkenstaaten käme eine abgelegene Hühnerbraterei in Frage. Das amerikanische Konsulat würde so eine Regelung bestimmt begrüßen.

Wiesn-Plakat 3: Votum der Jury

Mit ihrer ästhetischen und kulturphilosophischen Radikalität steht diese Arbeit ganz in der großen Tradition der Wiesnplakate vergangener Jahre. Der Künstler nähert sich der bacchantischen Natur des Oktoberfests symbolisch mittels der Weintraube, die gleichsam als ins Spirituelle lappender Kontrapunkt zum eher volkstümlichen Fass gesetzt wird. In einer zweiten, tieferen Bedeutungsebene erscheint der Dialog von Fass und Traube als Liebesakt – eine feinsinnige Andeutung der sinnlichen Abgründe des Fests.

Aber da sind ja noch die Vorschläge des bekannten Münchner Verkehrsexperten Karl Valentin, der schon in den dreißiger Jahren Überlegenswertes für den Straßenverkehr vorgetragen hat. Er hatte vorgeschlagen, am Montag nur Privatautos, am Dienstag Geschäftsautos, am Mittwoch Trambahnen, am Donnerstag Omnibusse, Freitag Feuerwehren, am Samstag Radfahrer und an Sonn- und Feiertagen Fußgänger auf die Straßen zu lassen. Übertragen aufs Oktoberfest hieße das: Montag Privatleute, Dienstag Geschäftsleute, Mittwoch Tram-, U- und S-Bahnfahrer, Donnerstag Omibusse für die Leute aus dem Oberland und Taxis, Freitag Behördenmenschen, Samstag Radfahrer und an Sonn- und Feiertagen nur Leute, die zu Fuß daherkommen.

Seltsamerweise mag sich der Münchner Stadtrat mit diesem Vorschlag am wenigsten auseinandersetzen. Der Prophet gilt halt nix im eigenen Land. Wahrscheinlich haben einflussreiche Menschen schon einen eigenen Promi-Tag gefordert und den Brauereien sind die Geschäftsleute lieber als die Radfahrer, die nur Radlermaßen trinken und ausgerechnet den schönen Samstag bekommen sollen. Außerdem, so heißt es, sei der Valentin'sche Plan vielleicht lokal oder regional bedingt tauglich, aber nicht international bzw. global. Welchen Tag bekommen eigentlich die Chinesen zugewiesen?

Mehr kleinere Zelte

Es bleibt das Dilemma, dass nur derjenige dazugehört, der drin ist im Zelt. Und er geht nicht mehr heraus, weil er sonst nicht mehr hinein kommt. Darunter leiden die Fahrgeschäfte. Schnell eine Runde auf der Achterbahn drehen oder ab in die Geisterbahn, das ist ohne die raren Promi-Bandl, die die Rückkehr erlauben, nicht mehr möglich. So bleibt wirklich nur noch der Vorschlag von Dr. Florian Dering vom Stadtmuseum, dem größten Wiesnspezialisten unter dem Riesenrad, der folgende Idee hat. Er plädiert für ein paar kleinere Zelte mehr, damit auch an den Wochenenden wirklich jeder im Sitzen und unter Dach bei Musikbeschallung seine Maß trinken, sein Hendl verzehren und mit seinem Gschpusi wahlweise singen oder poussieren kann – und auch mal rausgehen, Achterbahnfahren und wiederkommen kann. Die vielgerühmte Gastfreundschaft Münchens stehe schließlich auf dem Spiel. Gut gesprochen, Herr Doktor! *fi*

Wiesn-Filme

Das Oktoberfest war häufig Kulisse für Spielfilme und TV-Produktionen. Am bekanntesten vielleicht Herbert Achternbuschs „Bierkampf" aus dem Jahr 1977 (mit Achternbusch, Annamirl Bierbichler und Josef Bierbichler). Realität und Spielfilmhandlung wechseln ständig. Achternbusch spielt einen Polizisten, der vermutlich gar keiner ist, der Leute belästigt, Brezn klaut und aus fremden Maßkrügen trinkt. Was nicht ungefährlich für ihn war bei den Dreharbeiten. In dem Film „Oktoberfest" von Johannes Brunner aus dem Jahr 2005 spielen u.a. Barbara Rudnik, August Schmölzer und Peter Lohmeyer. In sieben Episoden erzählt der Film die Suche von Wiesn-Akteuren nach dem kleinen Glück. Auch die Münchner „Tatort"-Kommissare ermittelten natürlich schon im Milieu der Schausteller und Wiesn-Wirte.

Wiesn-Plakat 4: Votum der Jury

Zu einem geistreichen Spiel mit den wechselhaften Identitäten eines jeden Wiesnbesuchers lädt uns der Schöpfer dieses Beitrags ein. Im Zentrum steht hier der Rausch, der es dem im Alltag gefangenen Menschen ermöglicht, in neue Rollen zu schlüpfen, etwa in die des Nikolaus. Damit wird eine subversive Kraft freigesetzt, die nachhaltige Wirkung entfaltet. Das Oktoberfest sprengt folglich die zeitlichen Fesseln. Oder, anders gesagt: Wiesn ist immer, ob im Frühling, im Sommer, im Herbst oder – wie auf diesem Plakat – im Winter.

EINEN BESUCH DES OKTOBER-FESTES 2011 GEWINNT DIE LOSNUMMER...
LOS-Nr.
5010937051
Tommy du bist mein Stern
WIESEN-LOTTERIE

WIEDER NIX! OB WIR SOWAS NOCH ERLEBEN?
LOS-Nr.

Gefahr im Verzug

Von Wolfgang Görl

Es ist höchste Zeit, dass die Verantwortlichen des Münchner Oktoberfests den Ernst der Lage zur Kenntnis nehmen. Sagen wir's ohne Umschweife: Die Wiesn ist gefährdet. Die zahllosen Oktoberfest-Imitate in aller Welt bedrohen das Fest ebenso wie die zunehmende Wiesn-Müdigkeit der Münchner Bürger, die manchmal nur drei- bis viermal pro Saison das Oktoberfest besuchen. Deshalb ist es erst einmal höchst erfreulich, dass aus der Mitte der Schausteller die Forderung laut geworden ist, die Wiesn unter den Schutz der Unesco zu stellen, und zwar als „immaterielles Kulturerbe". Das Fest stünde dann in einer Reihe mit der Querhornmusik der ivorischen Tagbana-Gemeinde oder dem Slovácko Verbunk, dem Tanz der tschechischen Rekruten.

Das klingt zunächst verheißungsvoll, bei näherer Betrachtung kommen allerdings Zweifel auf. Man würde ja die Wiesn dem Diktat der Unesco ausliefern, wo doch die Einmischung fremder Mächte in die inneren Angelegenheiten Münchens seit den Zeiten Heinrichs des Löwen ausgeschlossen ist. Und mit diesen Unesco-Leuten ist nicht gut Kirschen essen, die nehmen den Schutz von Kulturgütern, wie das Beispiel Dresden mit seiner Waldschlößchenbrücke zeigt, tatsächlich ernst. Die tschechischen Rekruten könnten ihren Kulturerbe-Status gleich wieder in den Wind schießen, würden sie den Slovácko Verbunk mit einigen Hiphop-Figuren moderner gestalten. Natürlich müsste auch die Wiesn bleiben, wie sie ist, einschließlich der Dirndl von Frau Weishäupl. Keinesfalls würde es die Unesco dulden, wenn ein anderer als Christian Ude den Anstich vornähme. Ude wiederum müsste sich stets auf zwei Schläge beschränken, andernfalls würde der Kulturerbe-Status auf das Karlsfelder Siedler- und Seefest übergehen.

Wesentlich heikler ist die Bierpreis-Frage. Die Trinkerfraktion neigt zu der Ansicht, jegliche Preiserhöhung sei eine unzulässige Veränderung, und überhaupt wäre der Tradition am besten gedient, würde man das Bier, wie beim ersten Oktoberfest im Jahr 1810, für drei Kreuzer anbieten. Dagegen machen die Wirte geltend, dass es sich bei der alljährlichen Bierpreiserhöhung um ein schützenswertes Ritual handelt, das zur Wiesn ebenso gehört wie die Querhornmusik zur Tagbana-Gemeinde. De facto sei die Bierpreisspirale ein immaterielles Kulturerbe par excellence, und nur deshalb werde die Maß immer teurer.

Wie schwierig die Entscheidungen im Einzelfall sind, zeigt sich am Beispiel der Nagelbude. Wie jedermann weiß, kann man sich in dieser unsterblichen Ruhm erwerben, wenn man einen Nagel in einen Balken haut. Sofern der Schein nicht trügt, hat diese traditionsreiche Institution in den vergangenen Jahren gewaltig an Popularität eingebüßt. Das hat zweierlei Gründe: Erstens nimmt der Zahl der Männer, die imstande sind, einen Nagel ins Holz zu treiben, rapide ab, und zweitens genießen selbst versierte Nagler nur mehr ein geringes Ansehen in der Öffentlichkeit. Die Zeiten, in denen ein Mann zu einer guten Partie kommen konnte, weil er mit Hammer und Nagel umzugehen verstand, sind leider vorbei. Folglich ist die Nagelbude, ohne die das Oktoberfest im Grunde undenkbar ist, vom Aussterben bedroht. Soll man sie dennoch als Kulturerbe erhalten so wie das Olympiastadion, in dem auch keiner mehr Fußball spielt? Oder sollte man sich doch von ihr verabschieden und damit den Verlust des Kulturerbe-Status riskieren?

Brisante Fragen wie diese zeigen, dass größtes Fingerspitzengefühl gefragt ist. Zweifellos ist das Oktoberfest, neben der Weißwurst und dem MVV-Tarifsystem, der bedeutendste Beitrag Münchens zum kulturellen Erbe der Menschheit. Nirgendwo sonst gibt es diese erregende Mischung aus Hochkultur (Blasmusik, Braukunst) und Volkskultur („Hey Baby", Bier), und das lockt Menschen aus aller Welt an, sogar aus Kontinenten, in denen Kängurus kulturell den Ton angeben. Und ebenso unbestritten ist, dass sich die Wiesn nicht vor anderen Eingeborenen-Kulten verstecken muss. Wer das Oktoberfest besucht, gerät in rauschhafte Zustände, die von Ethnologen als bayerische Sonderform der Spiritualität gedeutet werden. Zur Selbstkasteiung stehen Katapulte, Rotationsapparate und eine Guillotine zur Verfügung. Es wäre ein Jammer, würden diese Kulturgüter für immer verschwinden.

Die Unesco aber, deren Mitarbeiter oft nicht einmal eine Maß vertragen, wäre beim Schutz des Oktoberfest hoffnungslos überfordert. Allein die Münchner sind kompetent genug, die wesentlichen Wiesn-Angelegenheiten zu regeln. Beispielsweise die Frage, ob auch Raufen und wildes Bieseln zum immateriellen Kulturerbe der Menschheit zählen.

DIE WIESN IM GRIFF DER PARTEIEN

Der Untergang

Millionen Menschen auf der ganzen Welt feiern das Oktoberfest, aber sie tun es nicht mehr in München.

Wir schreiben das Jahr 2020. In Bayern ist (fast) alles wie es immer war. Die CSU regiert das Land wieder allein. Der Landesvater ist ein leutseliger, gutmütiger, grundliberaler Mann namens Söder, dessen schärfster Rivale, ein adeliger Franke, noch schnell auf rätselhafte Weise in den Orkus befördert wurde. In München regiert wie immer die SPD. Der alte Oberbürgermeister Ude, der sich eigentlich schon zurückgezogen hatte, ist als Grauschopf wieder Stadtoberhaupt geworden. Er hatte sich nicht lange geziert, als seine krisengeschüttelte Partei anfing, ihn zur Rückkehr zu bewegen. Er führt die Amtsgeschäfte aber hauptsächlich von Mykonos aus. Zum Anzapfen brauchte er, der ewige Rekordhalter, allerdings jetzt so an die acht bis zehn zittrige Schläge.

Der Himmel ist nach wie vor weiß und blau, die Föhntage sind auch nicht weniger geworden und es gibt sogar noch Menschen, die das bayerische Idiom beherrschen. Die Kurse der Volkshochschule „Bairisch für Zuagroaste“ sind gut besucht, unter den Dozenten auch ehemalige Wiesnwirte. Und es soll Menschen geben, die sich noch an die Krisenjahre um 2009 und 2010 erinnern. Darüber geredet wird nur noch selten, höchstens bei Fernsehrunden mit Historikern und ausrangierten Wirtschaftsredakteuren, die behaupten, sie hätten damals alles so kommen sehen. Auf der Wiesn herrscht Endzeit. Die Stimmung ist am Boden. Die Bavaria trägt Trauerflor, ein unbekannter Nostalgiker hat ihr ein schwarzes Tuch an den Arm aus Erz gebunden.

Nun gut, in der Käfer-Schänke feiern immer noch ein paar Promis, vorwiegend der Klasse C. Ein paar Gaffer haben sich eingefunden. Sogar ein Fotograf ist vorbeigekommen, aber er findet nichts, was sich zum Ablichten lohnt, was verkäuflich ist. Auch sonst ist nicht mehr viel los. Es gibt noch ein mäßig gefülltes Bierzelt, in dem ein Quartett mit dem Namen „Der lustige Wiesn-Viergesang“, als „schmissig“ angepriesene Musik macht, zwei kleine Zelte ohne Musik, in denen man Brotzeiten selbst mitbringen darf, die Krinoline und den Pemperlprater. Ein vergammelter Autoscooter, ein paar Schießbuden und ein Glückshafen für Hartz IV-Empfänger mit Ausweis sind auch noch da, wenngleich sich das Ganze nicht mehr rentiert.

Unterhalb der Ruhmeshalle spielt bzw. zwitschert der Vogeljakob das „Lied vom Tod“ und etwas Gängiges aus der „Götterdämmerung“. Die Zahlen, die das Fremdenverkehrsamt am früheren Italiener-Wochenende bei der Zwischenbilanz verkündet, sind mau, noch schwächer als im Jahr zuvor. Frau Weishäupl, einstige Fremdenverkehrschefin, jetzt im Ruhestand, erzählt zur Auflockerung der traurigen Veranstaltung ein paar Anekdoten aus alten Zeiten und davon, dass die Chinesen zu dem einst so beliebten Volksfest nie gekommen sind, obwohl man die weltweite Werbung nach 2010 wieder aufgenommen hatte. Was ist nur geschehen?

200 Jahre war das Oktoberfest im Jahr 2010 alt geworden. Es war ein rauschendes Fest. Es war, genau gesagt, die äußerst gelungene 177. Aufführung. Die Wiesn war nämlich des Öfteren ausgefallen, wegen Hungers, Cholera und in Kriegszeiten. Sie hat die hässliche Braunfärbung während der Nazizeit überlebt. Sie hat am 26. September 1980 ihren schwärzesten Tag erlebt, als nämlich ein Neonazi einen Bombenanschlag verübte, bei dem 13 Menschen starben und mehr als 200 verletzt wurden. Sie hat unterm Terror vom 11. September 2001 in New York und Washington gelitten, denn plötzlich blieben viele Amerikaner fern. Aber sie kamen wieder.

Schwachsinniger Frohsinn

Im ersten Jahrzehnt des 21. Jahrhunderts war Bayerns Nationalfest den Witzbolden und Wegelagerern der Radio- und Fernsehstationen ausgesetzt, die zuletzt ganztägig schwachsinnigen Frohsinn live aus ihren krebsartig wuchernden Zeltstudios übertrugen, was immer mehr Leute irritierte, die das Ganze vor Ort aber außerhalb der Privatpartys völlig anders erlebten. Totzukriegen war es nicht. Auch die erwähnte Wirtschaftskrise hatte das Oktoberfest nicht umbringen können.

In den Jahren um die letzte Jahrhundertwende hatte die Stadt einiges unternommen, um das berühmte Volksfest für die Zukunft fit zu kriegen. Es wurde sicherer gemacht, breitere Fluchtwege wurden geschaffen, der Zustrom wurde eingeschränkt, es gab keine Werbung mehr im Ausland, vor allem nicht in China. So groß war der Andrang gewesen. Dabei waren 99,8 Prozent der Weltbevölkerung noch nicht da gewesen. Gegen die weitere Kommerzialisierung des Kommerzes war man besonders im Jahr 2006 vorgegangen. An der Spitze der schon erwähnte Oberbürgermeister, der Meister des Anzapfens, ein Traditionalist in Sachen Oktoberfest, ein wahrer Bürger-King. Die Wiesn galt plötzlich als ein „schutzbedürftiges Fest". Werbeshows in den Zelten wurden untersagt, zumindest diejenigen, die zu auffällig, zu unverschämt waren.

Platzverbot für Samba-Tänzerinnen

Die Frau eines Autovermieters hatte beispielsweise in der Schützenfesthalle ihre so genannte Damen-Wiesn mit leicht bekleideten Samba-Tänzerinnen, Clowns und allerlei Show-Elementen umrahmt. Vor dem Zelt war ein Auto mit Firmenlogos werbemäßig gut platziert. Da griff die Stadt ein. Von der Frau drohte danach keine Gefahr mehr, man hat sie auf dem Jakobsweg, 50 Kilometer vor Santiago de Compostela, irgendwie aus den Augen verloren. Bei Käfer stellte im Jahr 2006 eine geschäftstüchtige Kichererbse namens Verena Pooth mit Hilfe von Playmates und Moderatorinnen aller Art eine beachtliche Auswahl von Busen und dazugehörige Dirndln aus ihrer nord-westdeutschen Kollektion vor. Die Wirte erhielten Abmahnungen, beim nächsten Mal sollte es Geldstrafen hageln. Die Herren gaben sich reuig. Der Auftritt einer global tätigen, inzwischen weithin vergessenen amerikanischen Berufsblondine namens Paris Hilton im Hippodrom war seinerzeit gleich vorab und erfolglos untersagt worden. Natürlich war die Wiesn immer eine ideale Bühne für Selbstdarsteller aller Art, aber die städtischen Hüter der Wiesn machten seinerzeit nicht mehr mit: Eine PR- und Gaga-Wiesn wollten sie nicht akzeptieren.

23. Götterdämmerung

So ab 2012 kippte plötzlich das Interesse der Jugend. Geil, schrill, anything goes schien nicht mehr angesagt. Die sprichwörtliche Sau herauszulassen war offenbar out. Die Wiesn verlor zusehends an Bedeutung als Kulisse für hemmungsloses Vergnügen, für anarchische Freiheit. Immerhin waren damals mehr als 60 Prozent der Besucher 30 Jahre alt und jünger. Es ist nur einer dieser vielen Brüche in der Jugendkultur, erklärten die Soziologen kurzerhand. Freizeitforscher vermuteten, die Jugend feiere, wenn überhaupt, weniger frisch, fröhlich und frei. Und das erzbischöfliche Ordinariat ließ verlauten, nicht wenige junge Leute seien richtig fromm geworden. Eine neue Innerlichkeit sei angesagt. Hardcore-Psychologen sprachen von Ahedonie, dem weit verbreiteten Verlust von Lebensfreude und -lust.

Die Alten, die sich von den Jungen jahrelang regelrecht bedrängt gefühlt hatten, konnten und wollten die gelichteten Reihen nicht mehr schließen. Aber auch das würde das Oktoberfest überstehen, wie so vieles vorher, verkündeten die Veranstalter tapfer. Die Jugend, da war man sicher, würde wieder reumütig zurückkehren, wie sie es schon so um die späten neunziger Jahre getan hatte. Kluge Leute verwiesen wie immer auf den alten Tocqueville, der in einem ähnlich gelagerten Fall festgestellt hatte: „Die Menschen drehen sich gern rastlos im Kreis, um sich gewöhnliche Vergnügungen zu schaffen, die ihr kindliches Gemüt ausfüllen". Und überhaupt: Es konnten doch nicht alle plötzlich dem Frohsinn Adieu gesagt haben ...

Wie wahr. Die große, die wirkliche Gefahr hatte man übersehen, vielleicht nicht wahrhaben wollen. Das Internet, jenes Internet, das schon so viele Branchen und Ereignisse verändert oder in die Knie gezwungen hat. Natürlich gibt es jetzt, da wir im Jahr 2020 sind, die Wiesn noch. Sogar größer denn je, mit mehr Teilnehmern als je zuvor, man schätzt sie weltweit auf mehr als hundert Millionen. Aber es gibt sie praktisch nicht mehr in München, nicht mehr auf dem angestammten Platz auf der Theresienwiese, wo 1810 alles begonnen hatte. Das Oktoberfest war ins weltweite Netz (www = worldwidewiesn) gegangen, ist dort gefangen und, so wie es ausschaut, für seine Geburtsstadt praktisch verloren. Revival sehr, sehr ungewiss.

So vor 12 oder 15 Jahren warb man im Internet noch fleißig für die Wiesn, trieb die Besucher mit unzähligen Portalen noch an die alte Stätte. O'klickt is, hieß das Motto. Das Oktoberfest war online. Die elektronische Tracht war neu und die Schmankerln waren es auch. Natürlich lieferte www.Oktoberfest.de Infos komplett auf seiner Site, alle Fragen wurden beantwortet. Man konnte sich online einen Schlachtplan zurechtlegen, um die richtigen Zelte anlaufen zu können. Ein Wiesn-Lexikon erleichterte mit Hilfe von Audiodateien das Erlernen bayerischer Fremdwörter und – so hieß es wörtlich – half auch „wiesnaffinen Preußen oder japanischen Touristen das Hendl und die Maß stilecht und dialektgetreu zu bestellen". Alles geschah noch im Dienst des Münchner Events auf der Theresienwiese.

Webcams im Weinzelt

Bildergalerien, Videos und Webcams (die ersten waren angeblich im Weinzelt) boten auch den Daheimgebliebenen einen Blick auf das lustige Treiben auf der Wiesn und in den Zelten. Völlig neu war ein Stammtisch-Manager. Es handelte sich um ein Tool, das das Planen von Wiesn-Treffen erleichterte. Automatisch werden an alle Wiesn-Schwestern und -Brüder Einladungs-Mails verschickt, versprachen jedenfalls die Web-Leute. Natürlich konnte in verschiedenen Online-Foren geratscht und angebandelt werden. Zusätzlich gab es ein Internationales Forum, in dem sich Besucher aus dem Ausland austauschen konnten. „Hi Seppi, take off your Lederhose, move, move!"

Im Spiele-Bereich warteten Wiesngames wie die „Herzljagd" oder das „Maßkrugschieben", um die Wartezeit bis zum Wiesnanstich online kurzweilig bewältigen zu können. Da war „Alois, der Wiesn-Zapfer", schon ein Klassiker auf Oktoberfest.de. Auch Castings liefen gut. Das schöne Wiesn-Madl wurde online gesucht und gefunden, zusammen mit einem Fernsehsender, der seinerzeit noch live aus einem Zelt übertrug. Und Oktoberfestartikel ließen sich im elektronischen Wiesn-Shop erwerben. Bierkrüge und Sammeltassen, T-Shirts und Filzhüte. Bei Ebay versteigerte man zum Verdruss der Wiesnwirte freie Plätze in den Zelten. Man ging ja noch hin, zur Wiesn. Die Journalisten fanden das damals recht originell, ja clever.

Vergangene Zeiten. Wie gesagt, die Jüngeren blieben immer mehr aus. Genau jene, auf die die Veranstalter so stolz waren, die lustigen jungen Leute in ihren hübschen Dirndln und ihren Lederhosen. Aber sie feierten weiter, von wegen verinnerlicht. Die Sozio- und Psychologen hatten sich wie so häufig geirrt. Die früheren Wiesngänger saßen jetzt daheim und feierten den ganzen Sommer Oktoberfest. Virtuell, weltweit vernetzt in riesigen Wiesn-Communitys. Das Internet als Flirtforum, Eckkneipe und Musikbühne. Am liebsten feierten sie allein, aber nicht einsam, vor dem PC, am Bildschirm, ließen die Wiesn im Internet hochleben. Oftmals mit den Spielekonsolen oder dem Blackberry im Anschlag. Oder trafen sich gelegentlich, wann und wo immer sie wollten, auf Bier- oder Lan-Partys zum Wiesn-Warm-up, in der realen Welt. Ein bisschen haptisch durfte es schon noch sein. Die Theresienwiese brauchten sie nicht dafür. Grad schön isses.

Wer auf sich hält, hat sich Alcopops und das gerade angesagte Wiesnbier aus Nigeria über die Websites der Hersteller (am leichtesten über I-Apps) bestellt. Call a Wiesn. Auch allerlei Deko für die Stube oder die Gartenterrasse ist elektronisch ins Haus geholt worden, Wiesn-Hits, alte, neue und superneue sind längst heruntergeladen. Die richtige Atmosphäre für einen schönen Wiesn-Abend, allein oder doch zu mehreren, ist geschaffen. Die früheren Festwirte haben Millionen Original Wiesn-Tische und -Bänke über Ebay versteigert, hundert mal so viele wie es einmal gewesen sein können. Original-Zeltplanen, quadratmeter- oder zentimeterweise, gingen weg wie warme Semmeln, respektive Wiesnbrezn. Internet-Betrüger verkaufen immer noch angeblich echte Wiesn-Bierkrüge – ungespült oder mit Lippenstift am Rand, Dosen mit Original-Zeltluft oder Original-Wiesngeruch.

Flash-Mobs brauchen keinen Termin

Auch die beliebten Flash-Mobs hatten die jungen Wiesn-Freunde mehr und mehr weg vom alten Veranstaltungsort gelockt. Wildfremde Menschen verabreden sich zu tausenden durch willkürliche SMS-Botschaften an Orten ihrer Wahl, um Oktoberfest-Party zu machen. Da kommt zusammen, was sich vorher noch nicht gesehen hat. Eigentlich auch ein altes Wiesn-Prinzip, aber die Flash-Mobs brauchten keinen Oberbürgermeister als Anzapfer mehr, keinen Septembertermin, kein eigens hergerichtetes Gelände, kein München.

Der Wiesnhit wird praktisch ganzjährig bei YouTube, Sevenload oder UStream ermittelt. Zigtausende Einzelsänger und -musikanten, Gruppen und Chöre, Kapellen und Bands aus aller Welt sind dabei, laden sich minütlich irgendwo hoch. Besonders beliebt ist gerade ein Song einer Gruppe aus Taipeh, die sich – aus dem chinesischen übersetzt –

die fußlustigen Bayernkracher nennt. Die Taiwanesen tragen herrliche chinesische Trachten und jodeln zwischendurch gerade so schön, wie einst die Franzi Kinateder. Oft sind zu den Musikbeiträgen allerdings nur blanke Busen oder Schamhaare zu sehen. Aber was soll man machen: Thats fun, thats internet. Die alten Wiesnkapellen sind auch noch ein bisschen im Geschäft, über heruntergeladene MP3s oder in Form von Videoclips. Fast eine Million Text-Refrains sind bei Twitter zu lesen. Die üblichen 140 Zeichen lang, das reicht ja auch gut und gern. Auch einer der Vogel-Jakobs zwitschert ausschließlich im Web.

In der Blogosphäre diskutieren jetzt, Wochen vor dem Festtermin, viele hunderttausend Fans, wie eine gute Wiesn-Anmache ausschaut und probieren sie auch gleich weltweit aus. Körperlos und dennoch hocherotisch, nur per Wort- und Bildbeitrag. Bei Facebook suchen sie nun schon im 8. Jahr das Wiesn-Girl des Jahres. Eine kleine Mexikanerin, die mit Hingabe Weißwürste zuzzelt, liegt im Augenblick vorn. Bei den Lokalisten, die immerhin in München zuhause sind, heißt es, die hätten die heißeren Hasen. Hier ist eine älter aussehende 14-jährige aus Miesbach Favoritin, die sich im Vorjahr schon als Kampftrinkerin einen Namen gemacht hat. Durch die künstliche Welt von Second live spazieren zig-tausende Wiesn-Freunde, Rezepte für alkoholhaltige Zuckerwatte sind bei denen gerade angesagt. Bei einem dazu passenden Wettbewerb ist diesmal der erste Preis eine Reise zum Little Oktoberfest in einem Kaff in Oklahoma.

Die alten Ego-Shooter sind aus der Mode gekommen, Killerspiele wie Doom oder Counterstrike erwiesen sich als deutlich zu matt für die wahren Fans. Die heißesten und blutrünstigsten sind in diesen Wochen Oktoberfest-Geisterbahnen nachempfunden. Blutbäder meterhoch, Leichen ohne Ende, alle von Bierkrügen erschlagen. Einfach köstlich. 3 D-Brillen sorgen für rasende Achterbahn-Fahrten in Zwölfer-Loopings inklusive Kollisionen und Entgleisungen aller Art, Microsoft bietet seit längerem Gaming mit Ganzkörpereinsatz. Besonders die Original Oktoberfest-Schlägereien im Netz werden technisch immer besser, mit Web-Cams, Mikrophonen und neuartigen sensorbestückten Handschuhen und Gesichtsmasken ist das möglich. Ein Koreaner gilt als der beste E-Schläger auf der Wii-Wiesn von Nintendo. Es ist derselbe junge Mann, der jetzt den Anzapf-Rekord hält, mit einem einzigen Viertelschlag, noch dazu per Rückhand.

Kürzlich schrieb ein Spanier in einem Wiesn-Blog: En realidad es una lastima. La fiesta de la cerveza de Munich fue bastante linda. Unser Freund und Mit-Autor Dieter Hanitzsch, der neben einem Mercedes eine spanische Frau gleichen Namens sein eigen nennt, hat uns das so übersetzt: Eigentlich ist es schade. Das Bierfest in München war doch eigentlich recht schön. Ein Freizeit-Cowboy aus Amarillo schrieb im Texas-Oktoberfest-Chat: Wiesn reloaded in Munich, I think that's fun. Bemerkenswert, dass sich noch jemand aus dem Ausland an die alte Vorlage in München erinnert.

Sönke-Josef zuliebe

Eine junge Frau aus Cuxhaven, deren halbwüchsiger Sohn quasi ein Andenken aus reellen Wiesn-Zeiten aus dem Jubiläumsjahr 2010 ist, machte in einem Blog sogar den Vorschlag, die Stadt München sollte doch endlich versuchen, für das Oktoberfest bei der UNESCO den Status als Weltkulturerbe zu beantragen. „Die Wiese darf nicht sterben, schon meinem Sönke-Josef zuliebe“. Drei Stimmen unter Millionen. Das nährt hierorts immerhin Hoffnung. *fi*

OKTOBER-
FESTHALLE
BIER
FESTZELT
Plempelbräu
FESTHALLE

Hier entsteht ein
18-Loch-Golfplatz
Eröffnung: voraussichtlich 2021
Bauherr: Landeshauptstadt München
Tiefbaureferat

Zelt ist nicht gleich Zelt

Jede Bierburg hat ihre eigene Atmosphäre.
Ein kleiner Wegweiser ins Vergnügen.

Dem ungeübten Wiesngänger wird kaum auffallen, wie unterschiedlich das Publikum und die Stimmung in den Zelten sind. Schließlich herrscht überall eine Gaudi. Aber jedes Zelt hat sein eigenes Publikum, seine eigene Stimmung, von verhältnismäßig gesittet bis sehr ausgelassen. Jedem behagt es anders. Die Musik, die Person des Festwirts, das jeweilige Bier und die jeweilige Küche spielen für Stammgäste eine große Rolle. Es kommt natürlich auch auf die Tageszeit an. Mittags und am frühen Nachmittag war an den Werktagen vor Jahren noch wenig los. Das hat sich gewaltig geändert. Die sogenannte Mittagswiesn erfreut sich zunehmender Beliebtheit, das gilt auch für die späten Nachmittagsstunden. Manche Festzelte vergeben die Plätze in drei Schichten. Am späteren Abend geht es dann fast überall hoch und höher her. Wer es nicht exzessiv mag und Ärger mit Betrunkenen aus dem Weg gehen will, verlässt Zelt und Gelände sowieso schon eine Stunde oder zwei Stunden vor Schluss. Hier eine kleine Orientierungshilfe.

Armbrustschützen-Festhalle

Sitzplätze innen: 5 830
Sitzplätze außen: 1 600
Brauerei: Paulaner
Wirt: Peter Inselkammer

Bereits seit 1895 feiern hier die Schützen und alle, die diesen Traditionsbetrieb schätzen. Bis 1984 hatte hier der schon legendäre Richard Süßmeier das Kommando. Gemütliche Geselligkeit ist angesagt, ein Cabriodach sorgt für Luftzufuhr. Ein Klassiker unter den Wiesn-Betrieben, familientauglich. Im Anbau wird mit der Armbrust auf Holzscheiben geschossen.

Augustinerbräu Festhalle

Sitzplätze innen: 6 000
Sitzplätze außen: 2 500
Brauerei: Augustiner
Wirt: Manfred Vollmer

Das bei den Münchnern besonders beliebte Bier kommt hier noch aus Holzfässern und nicht aus Containern. Und nicht von einem großen Konzern. Die Leute vom Augustiner-Keller ziehen zur Wiesn-Zeit praktisch komplett ins Zelt um, das mit alten Trachtenfiguren geschmückt ist. Viele Stammgäste. So ab 18 Uhr geht die Stimmung hoch, da wird es richtig lustig.

Pschorrbräu Festhalle Bräurosl

Sitzplätze innen: 6 200
Sitzplätze außen: 2 200
Brauerei: Hacker-Pschorr
Wirte: Renate und Georg Heide

Namenspatronin ist Rosi Pschorr, die Tochter eines ehemaligen Brauers und Wirts. 27 Meter hohe Maibäume weisen den Weg zur Festhalle. Ein Traditionsbetrieb mit viel Stammkundschaft, geführt von einer bekannten Wirtefamilie. Das Publikum wird zusehends jünger. Am 1. Wiesn-Sonntag feiern auch die Gays mit.

Fischer-Vroni

Sitzplätze innen: 2 700
Sitzplätze außen: 700
Brauerei: Augustiner
Wirte: Johann und Silvia Stadtmüller

Hier gibt es den Original Steckerlfisch vom Grill – vornehmlich Lachsforelle, Zander und Renke. Aber nicht nur den. Auf Feinschmecker warten Austern, Shrimps und Prosecco. Seit dem Umbau 2006 neuartige Belüftung, was nicht heißt, dass am Abend kein schöner Dampf in der Bude ist, Exzesse sind aber nicht zu befürchten.

Hacker Festzelt

Sitzplätze innen: 6 950
Sitzplätze außen: 2 400
Brauerei: Hacker-Pschorr
Wirte: Anton und Christine Roiderer

Weiß und blau dekoriert als der Himmel der Bayern, die Wände sind prachtvoll bemalt. Filmarchitekt Rolf Zehetbauer sorgte für die Ausstattung. Gäste aus Bayern sind zahlreich vertreten, darunter immer mehr jüngere in Tracht. Aber das schöne Zelt ist auch beliebt bei den Amerikanern. Ein Klassiker für Wiesn-Genießer. Auf der Empore sind die Löwen-Fans gern. Insgesamt ein Zelt im Trend.

Hippodrom

Sitzplätze innen: 3 200
Sitzplätze außen: 1 000
Brauerei: Spaten-Franziskaner-Bräu
Wirt: Sepp Krätz

Viel jüngeres und „mittelalterliches" Publikum und auch Stars und Sternchen im eher kleineren Zelt. Hatte früher einmal einen gewissen Ruf (das Hippodrom war 1902 als Pferdereitbahn eröffnet worden) und jetzt hat es einen besonderen. Gute Stimmung bei der „Happy-Hippo-Hour" (da schau her, sagt der alte Wiesnbesucher) und nach der Essenszeit. Auch im Mittelschiff ist gut und sicher feiern.

Hofbräu-Festzelt

Sitzplätze innen: 6 000
Sitzplätze außen: 3 000
Stehbereich: 1 000
Brauerei: Hofbräu
Wirte: Margot und Günter Steinberg

Jedes Jahr wird das Zelt mit zwölf Zentnern Hopfenreben geschmückt. Viele internationale Gäste. Der Stehbereich vor dem Musikpodium ist sehr beliebt. Deutsche, Amerikaner, Australier und vor allem die Italiener schätzen dieses Zelt, seine Atmosphäre, und kennen das Bier. Gelegentliches Auftreten von Unten-Ohne-Tänzern und Obenohne-Tänzerinnen als Zugabe, obwohl vom Wirt unerwünscht.

Käfers Wiesnschänke

Sitzplätze innen: 1 000
Sitzplätze außen: 1 900
Brauerei: Paulaner
Wirt: Michael Käfer

Kleiner und daher recht gemütlich, mehr Gasthaus im Jodlerstil als Bierbude. Der Münchner Promi-Wirt und Feinkosthändler „Michi" Käfer zieht auch schickeres Publikum an und solches, das es werden will. Die Rechnung fällt noch höher aus als anderswo, Magnum-Flaschen Champagner gar nicht gerechnet. Dennoch immer schnell ausgebucht.

Löwenbräu-Festhalle

Sitzplätze innen: 5 700
Sitzplätze außen: 2 800
Brauerei: Löwenbräu
Wirte: Ludwig Hagn, Stephanie Spendler

Ein Riesenlöwe thront brüllend auf der Empore überm Eingang und hebt den Riesenmaßkrug. Im Zelt eine spezielle Besucher-Mischung aus Einheimischen und Ausländern. Beliebt bei Italienern, Amis und Australiern. Und treuen Stammgästen, vor allem in den Boxen, die jedes Jahr zu ihrem Wirt pilgern. Zu denen gehören auch Löwen-(1860-)Fans.

Paulanerbräu Winzerer Fähndl

Sitzplätze innen: 8 450
Sitzplätze außen: 2 450
Brauerei: Paulaner
Wirt: Peter Pongratz

Ein riesiger, rotierender Maßkrug ist das Wahrzeichen dieses Zelts, in das viele Stammgäste aus München und Bayern strömen, darunter die Leute vom Nockherberg und FC Bayern-Fans, die natürlich überall sind. Wer es nicht ganz so wild mag, ist hier gut aufgehoben. Gemütliches Wiesn-Vergnügen ist garantiert. Die Veranstalter scheinen noch ein wenig nach ihrem eigenen Stil zu suchen.

Schottenhamel Festhalle

Sitzplätze innen: 6 000
Sitzplätze außen: 4 000
Brauerei: Spaten-Franziskaner-Bräu
Wirte: Familie Schottenhamel

Das älteste Zelt, die Familie ist seit fünf Generationen auf der Wiesn. Aber ein Treffpunkt der jungen Leute aus aller Welt und aus Bayern. Und der Münchner Jeunesse dorée aus Harlaching und Solln. Burschenschaften haben Stammplätze. Hier geht es oft schon am Nachmittag zu wie in anderen Zelten am Abend. Ganztägig Party. Viel Erfolg für die Wirtsfamilie bei vergleichsweise wenig Aufwand.

Schützen-Festzelt

Sitzplätze insgesamt: 4 440
Brauerei: Löwenbräu
Wirte: Eduard und Claudia Reinbold

Gute Münchner Wiesn-Mischung – alt und jung, Familien, Pärchen und Stammtische, Einheimische und Auswärtige. Zunehmend angesagt und schicker. Promi-Treiben in der Hausbox. Eine durchaus feierfreudige Gemeinde im erst vor wenigen Jahren neu gebauten Zelt. Auf der Empore warten Schießstände auf Treffsichere.

Spatenbräu Festhalle und Ochsenbraterei

Sitzplätze innen: 5 900
Sitzplätze außen: 1 500
Brauerei: Spaten
Wirte: Familie Haberl

Jeder der Ochsen, der hier im Lauf der Wiesntage auf den Spieß kommt, erhält einen Vornamen und wird von der Kapelle begrüßt. Hier dreht sich vieles um die Ochsen, aber nicht nur. Beliebtes Zelt bei den Münchnern, also viel Stammpublikum. Sozusagen ein Ziel von „normalen" Wiesnbesuchern, die es beim Vergnügen nicht zu hektisch haben wollen. Hier war auch mittags schon immer was los (Ochsenfleisch!).

Wein- und Sektzelt

Sitzplätze innen: 1 920
Sitzplätze außen: 580
Weine und Sekte: Nymphenburg Sekt
Wirte: Familie Kuffler

Aufgemascheltes Zelt für Wiesnbesucher, die Wein, Weißbier und Champagner schätzen (Weißbier gibt es nur bis 21 Uhr, aber kein Festbier). Hoher Frauenanteil unter den Besuchern, Blondinen an der Bar. Die Stimmung steigt mit der Uhrzeit und hält bis sehr spät an, weil es hier länger geht als in den Bierzelten.

Cafés und kleinere Zelte

Ein paar Alternativen zu den großen Zelten mit ihren typischen Spezialitäten (mit 100 bis 500 Plätzen noch überschaubar)

Zur Bratwurst, Wurstvariationen im Fachwerkhaus, **Haxnbraterei Hochreiter,** da kann man zuschauen, wie die Haxn resch werden, **Glöckle Wirt**, das kleinste Festzelt, **Ammer's Hühnerbraterei,** ein Traditionsbetrieb, **Hühner- und Entenbraterei Wildmoser** (ehemaliger Sechziger-Präsident, von seinen Gegnern im Club als „Hendlmörder" tituliert), die Geflügelbratereien **Heimer, Poschner** und **Stiftl Ables Kalbskuchl** (Kalbfleischspezialitäten), **Feisingers Kas- und Weinstubn** und ein halbes Dutzend größere Café-Betriebe, wo es Kirschwasserkrapfen, Kaiserschmarrn, Schmalz- oder Dampfnudeln gibt.

Wiesn-Anfahrt U P TAXI

Parken rund um die Wiesn ist praktisch aussichtslos. Die wenigen Parkplätze sind schnell weg. Am besten ist die Anfahrt zum Festplatz mit öffentlichen Verkehrsmitteln. Insgesamt fahren zwölf Schnellbahnen, vier Straßenbahn- und fünf Buslinien zum oder in die Nähe des Festgeländes.

S-Bahn:
S 1 und S 8 bis Hackerbrücke,
S 7, S 20 und S 27 bis Heimeranplatz, weiter mit U 4 und U 5 bis Theresienwiese oder Schwanthalerhöhe

U-Bahn:
U 3/U 6 – bis Goetheplatz oder Poccistraße
U 4/U 5 bis Theresienwiese oder Schwanthalerhöhe
Der U-Bahnhof Theresienwiese ist oft überlastet.

Tram:
Linien 18 und 19 bis Haltstelle Holzapfelstraße oder Hermann-Lingg-Straße sowie Linien 16 und 17 bis Haltestelle Hackerbrücke

Bus:
Stadtbus Linien 131 und 132 bis Haltestelle Hans-Fischer-Straße, Metrobus-Linie 58 bis Haltestelle Georg-Hirth-Platz, Goetheplatz oder Beethovenplatz, Stadtbuslinie 134 bis Haltestelle Theresienhöhe und Metrobus-Linie 53 bis Haltestelle Schwanthalerhöhe.

Auto:
Auswärtigen Autofahrern werden Parkhäuser in der Stadt empfohlen oder die Park-and-Ride-Plätze an den S- und U-Bahn-Stationen außerhalb der Stadt (Weiterfahrt per Bahn).

Taxi:
Taxi-Standplätze gibt es an allen Ein- und Ausgängen. Taxifahrten empfehlen sich vor allem nach Verlassen der Bierzelte. Die Alkoholkontrollen werden während der Dauer des Oktoberfestes verstärkt.

Trachtenzug

Der große Trachten- und Schützenzug, der erstmals 1835 zu Ehren der königlichen Silberhochzeit abgehalten wurde, ist seit 1950 fester Bestandteil des Oktoberfests. Er findet immer am 1. Wiesn-Sonntag statt. Der sieben Kilometer lange, farbenprächtige Zug (The grand procession of regional costumes) dauert ca. zwei Stunden und zählt knapp 8 000 Mitwirkende aus München, Bayern und Europa. Er gilt als glanzvoller Höhepunkt des Münchner Herbstes, als Symbol der Verbundenheit von Stadt und Land, von Einheimischen und Gästen und präsentiert die Vielfalt von Trachten, Brauchtum und Volkstanz. Angeführt wird er vom Münchner Kindl hoch zu Ross. Das Fernsehen überträgt live. Mehr als 200 000 Zuschauer verfolgen den Zug am Straßenrand und auf den Tribünen. Zwei weitere Höhepunkte sind der Einzug der Festwirte und Brauereien am Eröffnungstag (Samstagmittag) und das Mittags-Konzert aller Wiesn-Kapellen zu Füßen der Bavaria (am mittleren Wiesn-Sonntag).

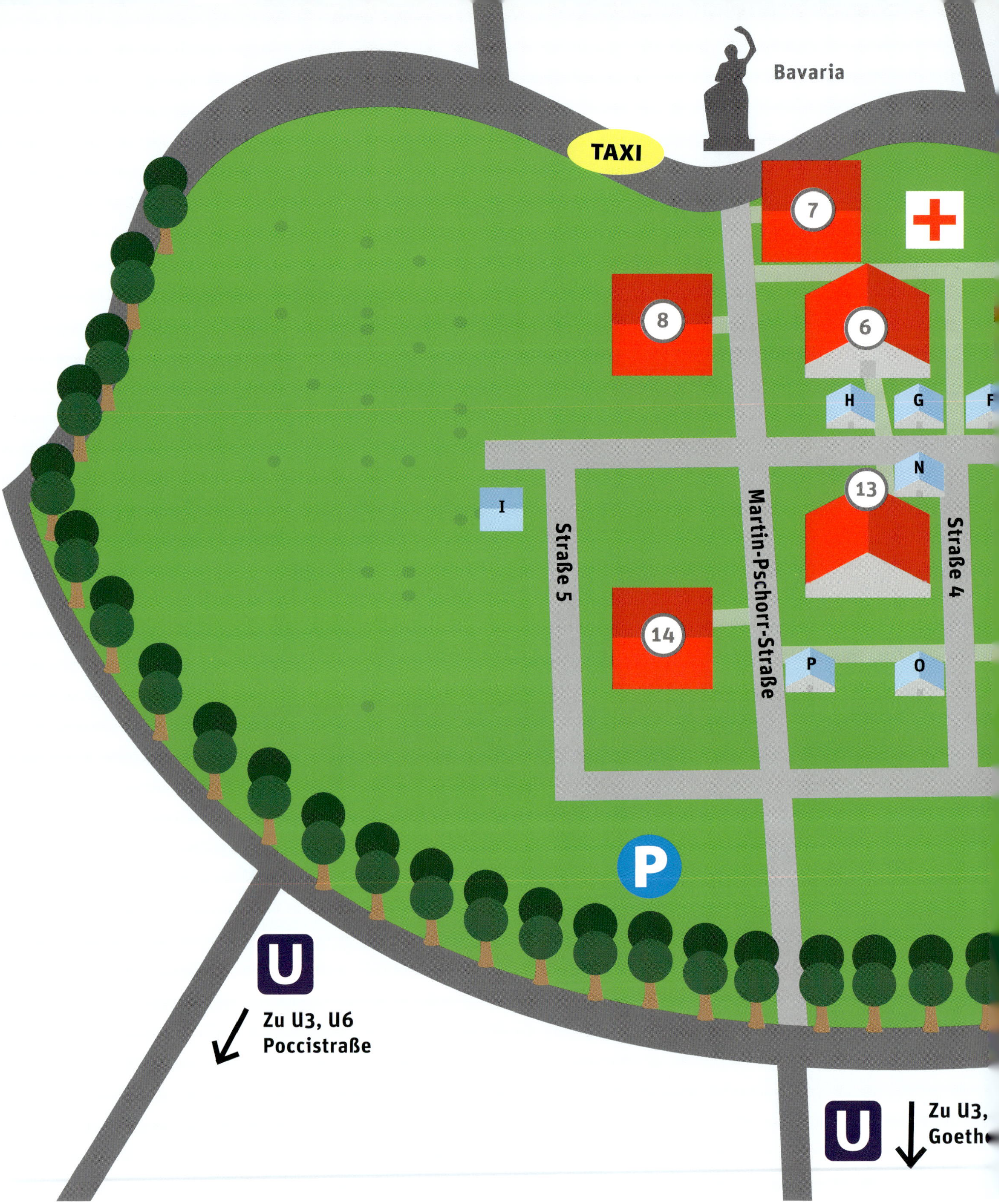

Festhallen

1. Hippodrom
2. Armbrustschützenzelt
3. Hofbräu
4. Hacker
5. Schottenhamel
6. Paulaner Winzerer Fähndl
7. Schützenfesthalle
8. Käfer
9. Fischer Vroni
10. Ochsenbraterei
11. Augustiner
12. Bräurosl
13. Löwenbräu
14. Nymphenburg Wein- und Sektzelt

Kleine
esn-Zelte

A Vinzenz Murr Stüberl (nicht 2009)
B Hühnerbraterei Wildmoser
C Hax'nbraterei Hochreiter
D Poschner's Hühner- & Entenbraterei
E Hühner- und Entenbraterei Heimer
F Heinz's Wurst- und Hühnerbraterei
G Zur Bratwurst
H Feisinger's Kas- und Weinstub'n
I Münchner Knödelei
J Bodos Cafézelt
K Hühner- und Entenbraterei Ammer
L Schiebl's Kaffeehaferl
M Able's Kalbs-Kuchl
N Zum Stiftl
O Guglhupf Café-Dreh-Bar
P Café Kaiserschmarrn

Strichliste für Ihre Wiesn-Kosten-Bilanz

Damit Sie, werter Wiesn-Besucher, nicht den Überblick über das Geschehen und das Geschehene verlieren, hier eine praktische Strichliste, mit deren Hilfe Sie Ihren Konsum, Ihre Verluste (nur die monetären, nicht die menschlichen), Ihre mit Kosten verbundenen Erfolge und sonstige Ausgaben akkurat festhalten und auch zwischendurch immer wieder überprüfen können. Die Aufzeichnungen ergeben eine übersichtliche Wiesn-Kosten-Bilanz. Es wird empfohlen, das Buch immer mit sich zu führen.
PS: Außerdem kann die sorgsam geführte Liste ein schönes Erinnerungsstück sein.

Vorkosten:

Dirndlkauf .... ☐
Lederhosenkauf bzw. Leihgebühr ..... ☐
Haferlschuhe (Trachtenkleidung ist steuerlich nicht absetzbar, da keine reine Berufskleidung. Gilt auch für Berufsbayern. Ausgenommen ist der so genannte Blaumann)........ ☐
Leber-Entlastungskur oder ordinäre Fastenkur .... ☐
Fitness-Studio .... ☐
Kleinkredit inklusive Zinsen .... ☐
Festzeltreservierung, Gutscheine für Mindestverzehr .... ☐
Kosten für Anreise: Bahn, Flugzeug, Taxi, Hotelübernachtung, Geschenke bei Privatübernachtung .... ☐
Versicherungen: Diebstahl, Rechtsschutz .... ☐

Laufende Kosten / Getränke

Limos / Spezis .... ☐
Wein / Glühwein .... ☐
Obstler .... ☐
Kokosmilch......................... ☐
ach ja, Festbier (in Maßen) .... ☐
Radler............................ ☐
Champagner .... ☐
Trinkgelder .... ☐

Laufende Kosten / Essen

Hendl .... ☐
Bratwürstl......................... ☐
Schweinsbraten / -haxn .... ☐
Steckerlfisch .... ☐
Obatzda .... ☐
Zuckerwatte .... ☐
Fischsemmel .... ☐
Kaiserschmarrn..................... ☐
noch feinere Sachen................ ☐
Trinkgelder .... ☐

Laufende Kosten / Andenken

Wiesnherzen .... ☐
Filzhut............................ ☐
Stofftiere .... ☐
Fahnen (Freistaat Bayern, FC Bayern, 1860) .... ☐
Luftballons .... ☐
T-Shirts .... ☐
Jahreskrüge........................ ☐
Das neue Wiesnbuch (SZ-Edition)..... ☐
Andenken-Vitrinen fürs Wohnzimmer .. ☐

Laufende Kosten / Unangenehmes

Erste Hilfe nach Schlägerei .... ☐
Kleiderreinigung nach Erbrechen
(aktiv, passiv) .... ☐
Zerrissene Kleidung nach lebensgefährlichem
Gedränge beim Anstehen an der Toilette ☐
Verschwundene, verlegte, verliehene, verschenkte, verbrannte (durch Sterndlwerfer) und durch Feuchtigkeit eingegangene Kleidungsstücke .. ☐
Abschleppkosten für Auto........... ☐
Freibier zur Beruhigung
aggressiver Banknachbarn........... ☐
Erzwungener Besuch auf der Wiesnwache ☐
Schadensersatzforderungen .... ☐

Laufende Kosten / Erotisches

One-Night-Stands................. ☐
Abschleppkosten (P1, After-Wiesn-Party) ☐
Ausgaben für Flirts (erfolgreich, nicht
erfolgreich) Schweigegelder.......... ☐

Laufende Kosten / Fahrgeschäfte (für 2)

Achterbahnen .... ☐
Kettenkarussell .... ☐
Geisterbahn..................... ☐
Teufelsrad .... ☐
Flohzirkus...................... ☐
Schießbude (Wert der Preise abziehen) .. ☐
Autoscooter..................... ☐

Laufende Kosten / Totalverluste

Geldbeutel, Brieftasche .... ☐
Ehefrau, Freundin................. ☐
Ehemann, Freund .... ☐
Trachtenhut, mit oder ohne Gamsbart .. ☐
Lederhose .... ☐
Gebiss......................... ☐
Bewusstsein (temporär)............ ☐

Nachträgliche Kosten / Gesundheit (Eigenanteil)

Kopfschmerztabletten .... ☐
Verbandsmaterial .... ☐
Saurer Hering .... ☐
Herzschrittmacher................ ☐
Schädel-OP (stationär, ambulant) ..... ☐
Zahnarzt, neues Gebiss, Zahnlücken-
schließung..................... ☐
Kosmetik-Artikel zur Veilchen-
Abdeckung .... ☐
Neuerliche Kur .... ☐

Nur für statistische Zwecke

Visitenkarten, verteilt, erhalten .... ☐
Handy-Nummern, erhalten, gegeben... ☐
E-mail-Adressen .... ☐
Zahl der Dekolleté-Fotos........... ☐

Nachträgliche Kosten / nachhaltig

Kreditrückzahlung inklusive Zinsen ... ☐
Scheidungskosten, Anwalt, Gericht,
Alimente .... ☐
Hochzeitskosten .... ☐
Langzeit-Medikamente .... ☐

Gesamtkosten .... ☐

BEGEGNUNG NACH DER WIESN

Die Autoren

Wolfgang Görl (wg), in München geboren, ist *SZ*-Lokalredakteur und Streiflichtschreiber sowie Mitherausgeber des *SZ*-Buchs „München. Die Geschichte der Stadt". Görl war schon bei der ersten Wiesn 1810 dabei und kontrolliert seitdem die Schankmoral der Wirte. Hat beim Armbrustschützen-Wettbewerb auf dem Oktoberfest mehrmals den letzten Platz belegt, immer war Sabotage im Spiel. Bewundert Ernst Fischer für seine Entschlossenheit, wenigstens ein Mal im Jahr statt auf den Golfplatz ins Bierzelt zu gehen, und Dieter Hanitzsch für seinen Mut, mit Schreiberlingen wie Fischer und Görl zusammenzuarbeiten.

Dieter Hanitzsch (H), Münchner aus Böhmen, Brauingenieur und Bierliebhaber, früher leitender Wirtschaftsredakteur beim Bayerischen Fernsehen, Karikaturist (u.a. in der *Süddeutschen Zeitung*), TV-Talker, Autor zahlreicher Karikaturen-Bände. (Lieblingsgegenstand Franz Josef Strauß). Geht seit 50 Jahren auf die Wiesn. Dachte bis zuletzt, bei dem vorliegenden Buch handele es sich um einen textfreien Karikaturenband. Bewundert nun Wolfgang Görl für die kühne Kritik seiner künstlerischen Arbeit und Ernst Fischer als begnadeten Vertilger von bayerischen Speisen.

Ernst Fischer, (fi) Niederbayer, lange Jahre in der Chefredaktion der *Süddeutschen Zeitung* verantwortlich für München und Bayern. Mit-Autor von „Bayerns Preußen sind die besten" und „Bayern braucht Wolpertinger". Herausgeber von „Unter der Krone" (Das Königreich Bayern und sein Erbe). Wiesngänger seit mehr als 40 Jahren, hielt sich zuletzt mehr in Hausboxen als in Mittelschiffen auf. Dachte bis zur Drucklegung, er würde dieses Werk alleine erschaffen. Bewundert nun aber Wolfgang Görl für seine tollkühnen Selbstversuche in den Fahrgeschäften und Dieter Hanitzsch für seinen beachtlichen Bierkonsum.

Mit Beiträgen sind vertreten:

Hermann Unterstöger (us), Oberbayer aus Kirchweidach, Reporter und Streiflichtschreiber der *Süddeutschen Zeitung*. Notorischer Besucher der Mittagswiesn und Freund der alten Wiesnattraktionen. Beschließt den Wiesn-Rundgang gern mit einer Fischsemmel.

Holger Gertz, in der Nähe von Bremen geboren, Seite-Drei-Reporter und Streiflichtschreiber der *Süddeutschen Zeitung*. Feierte aus rein beruflichen Gründen 16 Tage lang nonstop in einem Wiesn-Zelt (Mittelschiff!) inklusive zweier Räusche und ist seither ein anderer Mensch.